十力
文化

最簡明易懂的隨車寶典

圖解 車禍資訊站

《第四版》

第一次打車禍官司就OK！

本書資料增補互動平台
http://blog.chinalaw.org

錢世傑 法學博士

●感動，才是圖解書追求的目標

踏入書店，眼光橫掃平台與書櫃，滿坑滿谷都是以圖解為號召的書籍，希望能用最簡單的方式，將難解的專業知識，快速地讓讀者吸收。本書也是以圖解為主軸，畢竟大多數發生車禍的當事人，並不具備法律背景，所以本書透過圖解的輔助介紹，以及輕鬆的文字陳述、案例分享，讓發生車禍事故的當事人能夠快速地解決車禍產生的各類型爭議，爭取或保障自身的權益。

車禍資訊站第一版於2008年上市，由於閱讀難度的門檻較低，迅速地衝上網路書店的排行榜，即便是二年多以後，還是蟠踞在法律類的排行榜上，一連五刷，且延續至2019年正式進入第四版，這代表著讀者的肯定與支持，也讓筆者必須以更謙卑的心，致力於好書的撰寫；此外，更有許多的讀者來信表達萬分感謝之意，也讓筆者體認到寫一本簡單易懂法律書，是多麼的重要啊！

●以讀者的角度出發

坊間也有許多車禍法律的書籍，能夠提供讀者不同角度的觀察點，本書是以作者自身處理車禍事故的經驗，逐漸累積起來的一本實用書，除了一般法律上的流程介紹之外，各個程序應注意的事項，也都明確地加以解釋。其次，本書還詳細介紹

保險的概念，讓讀者能選擇對自己更適合的保險；此外，談判技巧也是本書的重點所在，畢竟一般人從小到大都沒有學過談判策略，筆者依據過去車禍實案處理的經驗，累積了許多談判心得，可以作為車禍處理過程的參考。

●深度與廣度兼具的第四版

第四版除更新許多統計數據、法令規範、實務見解外，也新增實用的範例，以及深入探討基本的各種車禍實務、判決見解外，無論是深度或廣度都有所著墨。讓這一本定位為車禍事件處理的實務用書，除了能夠讓車禍當事人快速瞭解如何處理車禍事件外，更讓有打官司需要的當事人，能第一次打車禍官司就OK！

錢世傑

中華民國108年5月10日

◆給你一條魚，不如給你一根釣竿◆

●這是一本車禍事件的護身符

車禍，誰都不想發生。可是發生時，卻慌亂如熱鍋上的螞蟻。臨時要上哪兒找人問呢？沒認識律師，也沒認識法官，車禍發生後所衍生的問題，有如巨浪般地襲來，讓人窒息！想想看下列問題，自己能夠解決嗎？

- 要去驗傷嗎？
- 警方不製作筆錄怎麼辦？
- 要申請肇事鑑定嗎？
- 強制汽車責任險可以賠償自己受的傷害嗎？
- 撞傷人，被告過失傷害怎麼辦？
- 如何寫和解書？
- 如何訴請損害賠償？
- 賠償金額怎麼算？

一大堆讓人頭痛的問題，如果沒有一本工具書，讓車禍當事人能夠立即翻閱，進而找到答案，恐怕吃了暗虧還不知道。

●這是一本實用的工具書

經過不斷地增刪、改訂，本書定稿後的體系相當清楚，當發生車禍事件該如何思考？遇到問題時，可以輕易地從大綱中

找到解答所在。幾乎常見的車禍問題都可以在本書找到解答。

筆者以輕鬆的筆調，除了導引讀者學習車禍處理的基本觀念外，並穿插許多案例，讓讀者能夠從案例中，瞭解車禍處理的最佳策略。另外，也運用大量的圖、表、訴狀範例，一步一步地解決問題。

法條部分，標出重點所在，能讓讀者閱讀法條時能更為輕鬆；訴訟範例，也將重點部分加以說明，讓讀者可以參考範例，依樣畫葫蘆地寫出專業水準的訴狀範例。

●法律有那麼難嗎？

法律，真的沒有那麼難。只是，一般的法律人不太願意出版，因為當律師、法官等職業，收入頗豐，寫書卻賺不了錢，當然不願意開發好的法律書。也因此詰屈聱牙的文字，只是突顯了法律人的專業，卻讓一般人望而生畏。

有鑑於此，本書總共設計了上百張的圖、表及訴狀範例，透過簡單易懂的文字，讓讀者能夠一步一步地輕鬆上手，不必再抱著那種有如埃及古文的法律書，研究半天卻找不出答案。

前言

找尋法律條文

法律條文及法院判決是學習法律最基本的二大法寶。

例如打車禍官司，如果不知道法律處罰哪些車禍的行為，又要如何打官司呢？如果知道是車禍民事賠償的依據是民法第184條，條文內容是什麼呢？

以下將以簡單的四個步驟，教你如何找到想要的法律條文。

STEP 1
連上全國法規資料庫
http://law.moj.gov.tw

→

STEP 2
點選「法規檢索」

STEP 3
輸入關鍵字查詢，例如輸入「民法」，點選開始查詢

STEP 4
找到所要的法條

查詢結果

名　稱：　刑事訴訟法
修正時間：　民國 95 年 06 月 14 日

所有條文　編章節　條號查詢

*立法歷程係鏈結至立法院

找尋法院判決

　　參考其他法院判決，可以得知相類似的案件，法院的見解為何？並且以過去法院判決的脈絡，找出自己的案件該如何主張，才會得到最有利的結果。以下將以簡單的四個步驟，教你如何找到想要的法院判決。

STEP 1
連上司法院法學資料檢索
http://law.judicial.gov.tw/

STEP 2
點選「裁判書查詢」

STEP 3
　輸入關鍵字查詢，由上而下，依序選擇所要查詢的法院名稱、裁判類別，本例為輸入「車禍賠償」，點選查詢即可。

STEP 4
　找到相關判決，點選連結，即可看到判決內容。

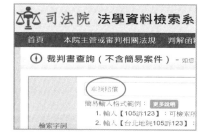

圖解 車禍 資訊站

目錄

○筆記○

第一章

緒　論

1

屢創新高的交通事故

■ 滿街跑的汽機車

　　臺灣汽機車數量相當高，依據交通安全入口網的資料統計，各類型機動車輛2,187萬台。一般人即便沒有錢買汽車，為了上下班的方便，至少也會買輛機車；再加上人口密度過高，因此，交通事故數量有增無減，造成當事人的困擾。

　　右頁上圖為臺灣近幾年來各類型機動車輛的成長數量：

　　各縣市的機動車輛數以新北市最多，超過300萬輛，其餘超過100萬輛的尚有臺北市180餘萬輛、高雄市312萬輛、臺中市近269萬輛、臺南市204萬輛、桃園市180萬輛、彰化縣138萬輛。

　　車禍最常見的當屬機車及汽車（小客車），機車已經逾1,500萬輛，占整體數量約68%，汽車（小客車）則有600餘萬量，接近27%。

■ 高比例的傷亡事故

　　自2000年迄今，車禍件數不斷攀升，從2000年的3,207件，一路攀升到2006年的2,999件，經過政府的大力改善，2018年終於下降至1,457件。

臺灣近幾年各類型機動車輛的成長數量

● 臺灣近幾年來各類型機動車輛的成長數量

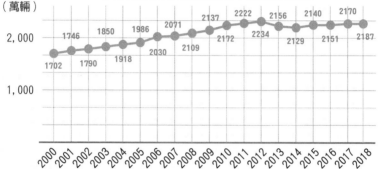

＊資料來源：交通部全球資訊網
http:/www.motc.gov.tw

緩步降低的車禍事故件數（A1類）

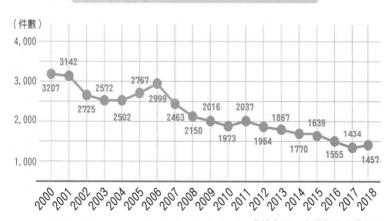

＊資料來源：交通部全球資訊網
http:/www.motc.gov.tw

　　每年因為車禍而死亡的數字都差不多，大約都有2、3千人之譜，不過很值得寬慰的是，2018年的車禍件數業已降低，死亡人數1,493人，也是自2000年以來的相對低點。

　　相較於死亡人數，受傷人數則比較讓人沮喪，從2000年的6.6萬人，增加到2006年的21萬人，2011年開始突破至30萬人以上，甚至在2018年突破40萬人（參閱右表）。

三 賠償金額增加

　　隨著物價的增長，民眾生活水準提高，交通事故的賠償金額屢創新高，身亡事故，從以前的數十萬元，到現在的數百萬元，甚至較為嚴重的受傷事件，攀升到數千萬元的賠償金額。

　　過去人命相當不值錢，經由媒體的推波助瀾，民眾逐漸瞭解自身的權利，對於發生車禍事故後的權利爭取，已非當年民智未開的年代。和解、調解、打官司，甚至於透過媒體爆料、抬棺抗議等激烈手段，導致賠償金額逐漸升高。

　　實際的賠償金額，較難有一個明確的統計數字，有些是私下和解，也有些是透過調解委員會，還有透過訴訟取得確定判決。但是，從新聞媒體或法院判決的結果都可以發現賠償金額不斷攀升，已經成為一種趨勢。

　　每個人都有可能成為賠償的義務人或權利人，該如何保障自己的權利，降低自己的風險，就成為現代社會必備的基本常識。本書也將從各個角度，透過文字及豐富的圖表，提供讀者完整的知識。

2000 ～ 2018年傷亡事故表

年　度	死亡人數（人）	受傷人數（人）
2000	3,388	66,895
2001	3,344	80,612
2002	2,861	109,594
2003	2,718	156,303
2004	2,634	179,108
2005	2,894	203,087
2006	3,140	211,176
2007	2,573	216,927
2008	2,224	227,423
2009	2,092	246,994
2010	2,047	293,764
2011	2,117	315,201
2012	2,040	334,082
2013	1,928	373,568
2014	1,819	413,229
2015	1,696	410,073
2016	1,604	403,906
2017	1,517	394,198
2018	1,493	405,147

2 交通事故初步處理流程

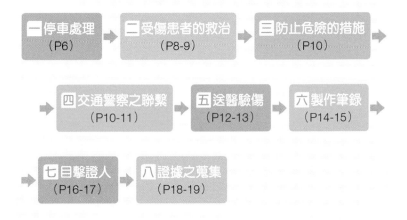

交通事故初步處理流程圖

一 停車處理 (P6)	二 受傷患者的救治 (P8-9)	三 防止危險的措施 (P10)
四 交通警察之聯繫 (P10-11)	五 送醫驗傷 (P12-13)	六 製作筆錄 (P14-15)
七 目擊證人 (P16-17)	八 證據之蒐集 (P18-19)	

一 停車處理

　　發生事故的時候，必須要立即停車處理，尤其是有發生人員傷亡的情況，更不能開走，以避免觸犯刑法肇事逃逸之罪名。（刑法第185-4條規定：「駕駛動力交通工具肇事，致人死傷而逃逸者，處一年以上七年以下有期徒刑。」）但是肇事逃逸罪必須要有致人死傷，雖然單純的車碰車，只有車損不涉及人員傷亡，僅有民事與行政責任，仍然應該要下車處理，逃逸是不負責任的態度。

實案分析 ▶ 別只顧著自己的車

　　很多人發生車禍，即使撞到了別人，下了車也是急忙看看自己的車有沒有損傷，這樣子看自己愛車的直覺反應，很可能會成為雙方衝突的導引線。舉一個自己的案例如下：

　　某日我要前往臺南舉辦簽書會，剛下交流道不久，塞車很嚴重，行駛在兩線車道的右線。綠燈剛起，前面的車子突然停了下來，抱怨了一下：「怎麼這邊的人喜歡在馬路中間亂停車！？」

　　於是將車子繞經右側，剛繞過前車，一輛喜美轎車從內側車道閃出來，衝到我的前頭，還好速度不快，緊急煞車，整個車子的東西都掉到座位底下。心裡正在想「怎麼這樣子開車！？」

　　對方是一位年輕人，把車子停了下來，下車看了一下車子右後車門的損傷，向我抱怨撞到他的車。因為正值塞車期間，加上自己有行車紀錄器，所以把車子稍微停靠旁邊。

　　一下車，並不急著跑到車頭看看車子損壞的狀況，因為讓對方看到這樣子的舉動並不好，會造成對方的反感。只有在心裡盤算一下到底是誰要負責，因為估算雙方無人受傷，且車子有完整的財損責任險，並不擔心。

　　經過簡單分析：對方應該是直行車，卻走錯車道，卡在內線左轉的車陣中，於是要切到右邊的車道直行（雙白線禁止變換車道），導致我前方車輛停車禮讓其違規切換，使我誤以為前面車輛亂停車，而繞過去後與切換的車子擦撞。所以，我並沒有理虧，也許自己的車也有損傷，但因為根本沒有感覺撞到對方的車子，應該不嚴重。

　　對方是一家人，開車的是兒子，還有老爸老媽與一位小女孩。我先問對方有沒有受傷，並表示有完整的保險，是否有需要請警察到場處理，以利後續理賠事宜？

　　這時候那兒子眼神中滿是對於愛車的不捨，一臉很想要向我求償的樣子。但那位老練的老爸看著那道雙白線，似乎心裡有底了，聽到我要請警察以及找保險公司處理，只說了一句：「我看不用了，等下想去夜市。」講完這段話，但又沒有要走的樣子，忙著趕行程的我，也很實在地說：「對啊！我也有行程要趕，要不然這樣子好了，我們也不要去爭執誰對誰錯，你的車子凹了個洞，我貼你一些修理費，就這樣子處理掉好了。」

　　那位老爸覺得很合理，連忙點頭說好。只見兒子還想要講話，就被老爸的眼神制止了。我從皮夾中掏出了1千元，拍了拍年輕人的肩膀，說了聲「抱歉，愛車被撞到總是很難受的一件事情，補貼一點修車費。」

　　接著和那位老爸握了兩次手，就此解決。

　　從整件事情來看，請警察來處理，再透過保險公司理賠應該是最有利於我的狀況；但加上時間效益、保險費增加等因素來考量，卻未必對我有利。或許有人會問為何要拿出1千元給對方？很簡單，年輕人的愛車被撞一個洞，心情一定會不舒服，而且他一定搞不清楚老爸為何願意和解，如果不拿出這1千元，恐怕會造成對方家庭內部的誤解。

　　這次遇到的只是簡單的小車禍，人生，快樂就好。

　　總之，下車時，<u>不要只顧著看自己的車，是和解成功的第一步</u>。

■ 受傷患者的救治

　　人命關天，如果發生車禍事件後，應該立即檢視雙方當事人有無受傷；如有受傷情況，應立即電話撥打119，通知救護單位前來救

助。尤其如果受傷的部位是脊椎，更不能輕易移動，以免造成更大的傷害。

　　曾經有某位公車司機不小心撞到一位老婦人，老婦人癱在地上無法動彈，公車司機誤以為老婦人故意躺在地上不願意起來，居然還跑過去硬把對方抱起來。結果，導致這名老婦人終身癱瘓，公車司機必須給付上千萬元的賠償金。事後，醫院醫師表示如果沒有移動的行為，經由救護人員的救治，終身癱瘓的機率將大為降低。

受傷患者的救治

- 管制現場交通，注意自身及傷患安全。
- 詢問傷患情況，是否有就醫之必要，尤應注意脊椎傷害。
- 撥打119，等待救護人員到場。

■ 注意自身及傷患安全

　　實務上曾發生一起案例，甲乙兩人喝酒，甲載送乙回家後，因不勝酒力，撞到乙住家門前的分隔島。乙急忙出門查看，並協助管制交通，但遭到隨後疾駛而來，也是酒醉駕車的丙撞擊，不幸傷重死亡。因此，協助管制現場交通時，應注意自身及傷患安全，以免發生不幸的結果。

三 防止危險的措施

發生車禍的地點通常都是在車水馬龍的馬路上，為了避免其他車輛快速經過之際，未能發現車禍事件而追撞，發生更嚴重的結果。因此，發生車禍事件當下，應儘速在適當的處所放置警告標語，例如車輛正後方30公尺處。

實務上曾經發生過一起事件，某位女性駕駛與他人在高速公路發生車禍事故後，因為覺得下大雨，擔心身體淋溼，在等待警方與拖吊車的同時，不願意下車放置警告標誌。一輛違規行駛路肩的汽車，遂從後追撞，導致二次車禍的發生。

四 交通警察之聯繫

保險理賠、現場保留，通常都需要警方到場處理的相關紀錄，因此發生車禍時，原則上建議撥打110，由當地警方派員協助車禍事件之處理。

警方到達現場時，應詢問到場警員之基本資料以供聯繫（通常警方處理之文件中均會載明），對於現場採證工作也應該在旁觀察，若有疏漏未能採證之處，要立即提醒警方。另外，若現場有人證，可透過警方協助，留下人證的基本資料。

許多當事人未尋求警方的協助，原因在於聽信他造當事人的「口頭」承諾賠償，等到離開事發現場後，馬上又翻臉不認帳。由於車禍事件當時沒有委請警方採證，之後又找不到其他人證、物證，恐怕法院也很難判斷誰是誰非。

預防危險的措施步驟

1 汽車應開警示燈。

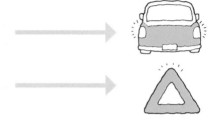

2 在車輛後方放置警示標誌。

3 警示標誌與車輛的距離,應視實際情況,若高速公路,則應在30公尺處放置,以增加後方車輛反應時間。

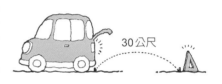

30公尺

聯繫警方注意事項

1 撥打110。

2 維持現場完整,若已自行採證完畢,車輛也可以移動,又無人員傷亡的情況,應先行將車輛移至路旁,以免影響交通。

3 警方到場前,應協助疏導交通。

五 送醫驗傷

　　送醫院治療，也是保存證據的一種。因為，若有打官司的必要，醫院可以依據當初的醫療紀錄，開立驗傷單。反之，若沒有赴醫院治療，等到傷口復原，再去醫院看診恐怕意義不大。另外，赴醫院就診，應保存相關單據，以作為未來求償的依據。

　　某一起實際案例，車禍受害者認為小小皮肉傷而未前往醫院驗傷，但肇事者也受傷，並且有前往醫院治療。事後受害者反被控告傷害罪，因為受害者雖然過失比例較低，但是仍有過失，等到想要提出傷害來制衡對方時，卻因為事隔已久，傷早已不見了，難以證明當時有受到傷害來控告肇事者傷害罪。

驗傷第一

　　首先，發生車禍第一個要思考的問題，要不要驗傷？

　　發生車禍，或多或少都會受到傷害，有時候甚至於隔了一個星期才會出現瘀青。因此，發生車禍後，不要怕麻煩，應該馬上驗傷。

是否要開立驗傷單？

　　再舉一例，某位研究生小花騎機車，遭後方自小客車追撞，摩托車被車子撞爛了，小花有些許的擦傷，因對方見小花傷勢不嚴重，遂逕行開車逃逸。小花立刻去驗傷，也申請了一張驗傷單，費用一張400元。

　　實際上只要先看診，不一定要先花錢開立驗傷單，因為只要有看診，驗傷單可以等到需要的時候再開立，有時候雙方經過和解或調解程序，驗傷單並不需要先提出來，也就可以省一下驗傷費用。

　　這裡要特別說明的一個法律問題，就是肇事逃逸的成立要件，刑法第185-4條規定：「駕駛動力交通工具肇事，致人死傷而逃逸者，處6月以上5年以下有期徒刑。」如果都沒有傷亡的情況，就不會成立肇事逃逸。

所以，驗傷非常重要，是證明對方成立犯罪的重要證據。

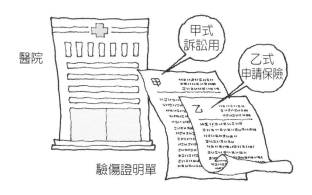

■ **驗傷注意事項**

● 應儘速就醫診治驗傷。

● 應詳細告知醫師就診原因與受傷情況。

● 詢問醫師後續醫療之必要性。

■ **驗傷證明單的種類**

　　醫院有所謂甲式及乙式之不同型態的驗傷單，兩者本質上應無不同，唯實務上甲式通常是供訴訟之用，乙式則為申請保險之用。

六 製作筆錄

車禍發生當時，應該與警方聯繫並製作筆錄，如果沒有當場製作告訴筆錄，也可以事後與承辦員警聯繫，補做一份筆錄，並提出過失傷害的告訴。

有時候承辦員警會要求受害人向法院提出告訴，而不願意製作筆錄，或許是因為承辦人員的經驗不足，或許是有其他原因。為確保自己的權益，這時候應該要堅持立場，要求警方製作筆錄，否則還要再跑一趟地檢署，來回車資也是一種成本。

一般稱這種情況為「吃案」，最誇張的情況是警方表示「你有證據可以證明對方撞傷你嗎？」這種說法很難讓人接受，因為警察的工作不就是調查犯罪，如果當事人都能查清楚，那還需要警察幹什麼？

【常見警方建議先不提出告訴之理由】

①6個月內均可提出告訴。
②證據不足，不得提出。
③先驗傷才能處理。
④人手不足，無法處理。
⑤單純民事責任。
⑥被害人自己的錯。

注意！提出告訴，
別超過6個月喔！

⚠ 提出告訴注意事項

● 肇事逃逸屬於非告訴乃論，當事人不必提出告訴，即可受理偵查，與傷害罪屬告訴乃論，必須尊重當事人是否提出告訴的意願，兩者並不相同。

● 不過告訴乃論要特別注意之處，在於有6個月的告訴期間，可不要忘了提出告訴。

※ 6個月告訴期間之起算，是以知悉犯人的時候，才開始計算。
（刑訴§237Ⅰ）

七 目擊證人

證據分成人證與物證

人證，是指對於車禍事件，親眼目睹而能清楚描述整起事件經過者。常見的人證像是熱心的路人、檳榔西施，或者是同車的乘客、現場處理的警員或拖吊業者，都可以作為法院判決的依據。

如果警方在場，也可以委請警方協助查訪附近民眾，是否有目睹車禍事件的發生，由警方出面要求目擊者留下資料，以便日後打官司時可以與之聯繫，協助上法院作證。

如果附近路口有裝設攝影機，也如同目擊證人一樣，受害人可以自行或要求警方向攝影機管理單位調閱，但是受害人自行調閱，則因為沒有司法警察的身分，有時候會遭受到拒絕。這些攝影機的管理單位，包括里長、大廈管理委員會、商店、銀行或其他政府單位等。

萬不得已只好在路口張貼告示，或者是上臉書或其他網路平台，尋求網友協助，看是否有人剛好路過目擊，或者是「行車紀錄器」可以提供錄影內容。因為行車紀錄器通常錄製一段時間就會蓋掉舊有的檔案，因此要把握時間，以免時間過了，就算找到當時經過的車輛，也許行車紀錄器的內容已不存在。

若是發生車禍事件時，都有熱心人士主動遞出名片，表達願意當證人的意願，很多車禍的事實就可以有效還原。

但是，事實上並非如此，很多路人離開了就無緣再相見，而大多數的民眾也不願意惹麻煩。

所以，為避免目擊證人稍縱即逝，應在現場找到目擊證人，以避免法庭訴訟時，無法舉證的尷尬現象。

> 我願意說明當時案發過程。

人 證

> 從撞擊點觀察，應是遭右側撞擊所致。

物 證

八 證據之蒐集

　　「證據」指的是可以證明某件事實為真正的人、事、物，在刑事訴訟法，「證據」又分為「證據能力」與「證據證明力」兩個層面，其中「證據能力」指的是可以做為證據的「資格」，必須是經過嚴格的法定證明方法，且不是刑事訴訟法所禁止使用的。而刑事訴訟法上所允許的證明方法，則限於下列5種：

①被告的陳述　②證人　③鑑定　④物證　⑤勘驗

①被告的陳述：如肇事者對於車禍事故過程的陳述。
②證人：例如前述第七點所提到的目擊證人或者是同車的乘客，都可以作證。
③鑑定：如車禍鑑定委員會的鑑定報告。
④物證：例如汽、機車受損程度刮痕，地上遺留下來的碎片。
⑤勘驗：指法院或檢察官直接以五官知覺，對於犯罪相關的人、地、物而為之證據與犯罪情形之調查。例如發生死亡事故，透過勘驗，可以瞭解車禍與死亡的關連性。

車上必備的基本蒐證工具

車禍現場重建必須倚賴相關證據的齊全，常見的證據蒐集包括照片、現場圖。筆者在車上都會準備下列三種工具：

❶ 道路記號專用筆

投保車險時，有些保險公司會贈送一組車禍事故發生之道路記號專用筆。若沒有贈送，也可以到文具店購買，或者是直接使用粉筆亦可。

❷ 簡易相機或智慧型手機

發生車禍時，相機或智慧型手機可以即時地保存證據。現在手機大都有錄影功能，可完整呈現車禍的現場，如果肇事者意圖湮滅犯罪事證，相機更可以發揮一定的還原功效。

放在車上的相機不宜過於昂貴，以免遭宵小竊取。

❸ 行車紀錄器

行車紀錄器是很重要的蒐證工具，現在的價格已經非常便宜，甚至於幾百元就可以買到一台，但建議還是購買至少1千元以上的產品，以確保拍攝品質穩定清晰。

3 交通事故的法律責任：
路權

發生任何事件時，應從民事、刑事及行政責任三種層面思考，在處理法律問題，更能夠面面俱到。

■ 民事責任：以民法為主的民事法規。車禍事件中，較為常用者為民法及民事訴訟法。民法條文是以第184條侵權行為等規定為主軸，另外還有賠償範圍、過失相抵、和解等規定。

■ 刑事責任：以刑事為主的刑事法規。車禍事件中，以刑法、刑事訴訟法、少年事件處理法為主。

■ 行政責任：以行政為主的行政法規，例如訴願法、行政訴訟法、行政程序法、國家賠償法等。車禍事件中，主要是道路交通管理處罰條例、道路交通安全規則、國家賠償法。

民事責任與刑事責任方面，本書將在第二章《交通事故之損害賠償》及第五章《交通事故之刑事責任》加以介紹，行政責任則在第七章《交通事故之行政責任》加以介紹。

交通事故的法律責任

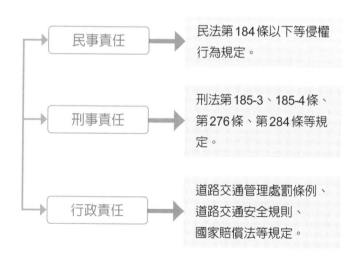

民事責任	➜	民法第184條以下等侵權行為規定。
刑事責任	➜	刑法第185-3、185-4條、第276條、第284條等規定。
行政責任	➜	道路交通管理處罰條例、道路交通安全規則、國家賠償法等規定。

4 交通事故紛爭解決機制

■ 紛爭解決機制之基本概念

交通事故紛爭解決的機制相當多，一般而言，都是先進行私下和解或鄉鎮調解委員會進行調解，和解不成或鄉鎮調解委員會調解不成立，才會透過法院進入訴訟程序，又可分成民事訴訟及刑事訴訟兩部分。

進行訴訟程序前，還是會先進行起訴前之調解程序，若調解真的還是無法成立，才會正式地進行訴訟程序。在凡事「以和為貴」的前提之下，即便在訴訟程序進行中，仍然隨時可以進行訴訟上之和解。

①私底下可以和（調）解。
②警方會要求你和（調）解。
③移送到檢方，也會勸你們和（調）解。
④起訴到院方，依法還是要先調解，當然隨時也可以來和解。

前述各種和解或調解成立，或受害人取得勝訴的結果，則可以向保險公司要求給付，保險賠償有上限，與被害人實際請求之賠償金額間往往都會有落差，不足額的部分，肇事者仍須另行負責，並非投保後即可完全不必自行負擔。

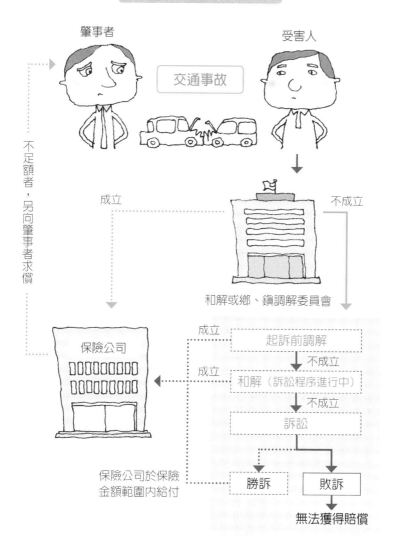

受害人求償概念圖

⬛ 損害賠償請求權之消滅時效

　　所謂消滅時效，是希望權利人能儘速爭取自身應有的權利，對於怠於行使權利者，將因為時效的經過而不得再行主張。請求權的消滅時效，依據不同的法律關係而有不同的期間，常見者有15年、5年及2年。

【民法第125條】

請求權，因15年間不行使而消滅。但法律所定期間較短者，依其規定。

　　至於侵權行為的消滅時效為2年，其規定在民法第197條第1項：「因侵權行為所生之損害賠償請求權，自請求權人知有損害及賠償義務人時起，2年間不行使而消滅。自有侵權行為時起，逾10年者亦同。」

　　例如肇事者春嬌撞傷被害人志明後，志明可以向春嬌請求損害賠償，但是卻怠於行使權利，2年後，其權利即因時效經過而消滅。如果是因為志明被撞昏倒，不知道肇事者的身分，直到6年後才發現，這時候志明仍然可以在知道春嬌是肇事者之日起，2年內向春嬌請求；但是如果是事發10年之後，才發現肇事者是春嬌，則不能夠主張之。（參閱右頁上圖）

民法第197條之消滅時效

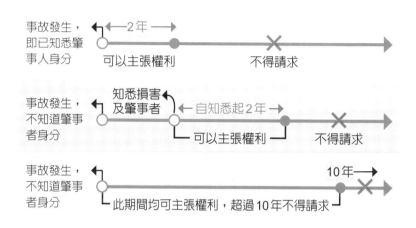

民法的消滅時效 V.S.刑事訴訟法的告訴期間

	民法的消滅時效	刑事訴訟法的告訴期間
相關規定	民法第125～147條 車禍事件主要是民法第197條第1項	刑事訴訟法第237條只限於告訴乃論之罪,若造成人死亡等較為嚴重情況,則屬非告訴乃論罪
計算起始時間	2年:自請求權人知有損害及賠償義務人時起 10年:自有侵權行為時起	6個月:自得為告訴之人知悉犯人之時起
期間經過的效果	無法請求損害賠償	無法讓肇事者論罪科刑

　　刑事訴訟法第237條規定:「告訴乃論之罪,其告訴應自得為告訴之人知悉犯人之時起,於6個月內為之。」

　　至於比較短的5年及2年期間，則必須有法律特別明文規定，例如下列法律規範：

期間	條號	條文內容
5年	民法第126條	利息、紅利、租金、贍養費、退職金及其他1年或不及1年之定期給付債權，其各期給付請求權，因5年間不行使而消滅。
2年	民法第127條	下列各款請求權，因2年間不行使而消滅： 一、旅店、飲食店及娛樂場之住宿費、飲食費、座費、消費物之代價及其墊款。 二、運送費及運送人所墊之款。 三、以租賃動產為營業者之租價。 四、醫生、藥師、看護生之診費、藥費，報酬及其墊款。 五、律師、會計師、公證人之報酬及其墊款。 六、律師、會計師、公證人所收當事人物件之交還。 七、技師、承攬人之報酬及其墊款。 八、商人、製造人、手工業人所供給之商品及產物之代價。

■ 時效之中斷

　　法律保障注重自己權利之人，不保障忽視自己權利者。

　　若受害人行使權利，並非怠於行使權利之人，則法律賦予當事人中斷時效之效力。時效中斷的情況，規定在下列條文：

【民法第129條】

消滅時效，因下列事由而中斷：

　　一、請求。

　　二、承認。

　　三、起訴。

下列事項，與起訴有同一效力：

　　一、依督促程序，聲請發支付命令。

　　二、聲請調解或提付仲裁。

　　三、申報和解債權或破產債權。

　　四、告知訴訟。

　　五、開始執行行為或聲請強制執行。

　　例如以存證信函的方式，「請求」對方給付賠償金額；起訴，就是一般白話的打官司。

　　至於與起訴有同一效力之五種情況，是一些特殊的法律程序，均屬受害人爭取權利之一些機制，法律特別規範在行使這些權利時，消滅時效即中斷。

5 保險

■ 保險的種類

　　汽機車的保險很多種,但是保險的費用,卻是很多人不願意投保的因素。花小錢投保,可以降低高額賠償金;若沒有保險,發生車禍事故時,肇事者可能無力承擔高額之賠償金額。為此,政府制定強制汽車責任保險,強制要求汽機車駕駛人一定要投保最基本的保險。

　　前述強制保險的範圍,也是屬於第三人責任險的一種。當保險人肇事而必須負擔賠償責任時,對於傷害醫療、殘障、死亡的三種情況,由保險公司給付分擔一定之金額,以降低保險人之負擔,也避免因為肇事者無資力,被害人無法獲得應有之賠償。

　　除了強制保險之外,常見之汽機車保險,還有任意第三人責任險、車損險、竊盜險等,提供保險人考量自身因素而投保的各種選擇。

> 首先強調,責任險最重要。

以下介紹各種保險保障之內容：

保險類型			保障內容
責任險	強制投保	他人	傷害醫療賠償
	強制投保	他人	殘障賠償
	強制投保	他人	死亡賠償
	任意投保	他人	傷亡賠償
	任意投保	他人	財物賠償
車損險	任意投保	自己	財物賠償
人壽、傷害保險	任意投保	自己	死亡、傷害、殘障等以人身為保險標的

提高任意第三人責任險之賠償金

　　比較具有風險意識的駕駛人，除了政府規定的強制第三人責任險之外，還會加保任意第三人責任險，但一般保險公司標準的承保金額，以每人400萬元最為常見，單一事故總金額是1000萬元。建議可以調高到每人1000萬元，單一事故總金額5000萬元以上，以降低自身的風險。而且調高這麼多的保額，保費增加的幅度一般來說還不會超過1千元，非常划算。

　　一般人都具有「自利性」，也就是以保護自己的財物為優先，所以買新車時，大多會投保竊盜險、財損險（一般所謂的甲式、乙式或車碰車的保險），至於別人的死活或財產的損害，往往就比較忽略了。

　　很久以前，許多車禍事件中，肇事者沒有錢賠償，讓受害人欲哭無淚，即使打官司勝訴了，也沒有財產可以執行，只贏得了一張勝訴判決書。現在，國家立法要求開車、騎摩托車都要投保「強制第三人責任險」，就是要彌補這個空缺。實際上，責任險的部分（保護別人）才是對自己影響最重大的。

　　以一輛新車為例，撞爛了大概也就是損失個數十萬，好一點的車也差不多是百來萬；但是，如果撞傷一個人，尤其是對方因此而成為植物人，以目前行情，恐怕不是百來萬可以解決的，恐怕是1千萬起跳的賠償金。

　　但是強制第三人責任險，最多也是賠個150萬元，如果全部的賠償金額是1000萬元，那還差個850萬元，根本不夠賠，還是要從自己口袋拿出賠償金。所以，除了強制第三人責任險之外，還要加保任意第三人責任險，一般來說1年也只不過多個2、3千元，但萬一發生意外，對自己的保障就可以增加許多。

　　別只顧著自己的財產，也要多保一些責任險，分攤發生車禍對於他人應負的責任啊！

保險的類型

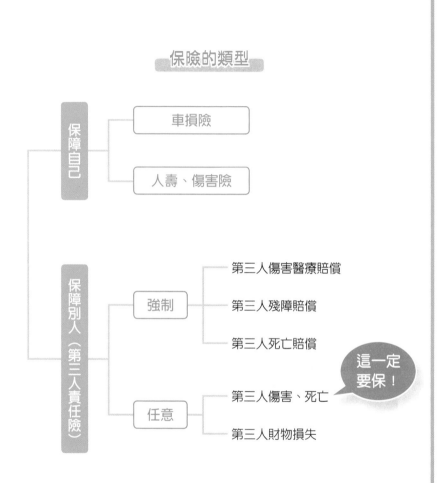

保險，分擔風險的最佳良方

許多駕駛人為了節省保險費用，往往只投保強制第三人責任保險。這樣子的保障並不夠，因為如果肇事的結果，受害人傷害相當嚴重，必須長期復建或臥病在床，甚至是成為植物人，賠償金額可能高達好幾百萬元，甚至於上千萬元，單憑強制保險的額度，恐無法足額賠償。

況且，強制第三人責任保險之承保範圍較為狹窄，例如受害人受傷的情況，只負責賠償醫藥費，如果有慰撫金，或其他醫療費用以外的積極損害或消極損害，則不在賠償的範圍。

其次，財物的部分也不是強制第三人責任保險承保的範圍。因此，仍需要配合其他任意第三人責任保險、產險等機制，分擔自身之風險。有一句很俗套的話，「天有不測風雲，人有旦夕禍福」。保險，絕對是分擔風險的最佳良方。

舉例如下：

甲撞傷乙，導致乙下半身癱瘓，甲除了投保強制第三人責任險之外，無其他保險，強制第三人責任險以賠償最高金額計算，賠償金額試算如右頁：

*註解：2010年間，為強化交通事故受害人之保障，特修正「強制汽車責任保險給付標準」，將殘障、死亡均調高為200萬元，傷害則為20萬元。

賠償項目	賠償金額	保險給付部分	自行負擔部分
醫藥費	40萬元	20萬元	20萬元
喪失或減少勞動能力	350萬元	200萬元（殘障給付第一級）	660萬元
增加生活費用	50萬元		
扶養費用	150萬元		
慰撫金	300萬元		
財物損失	10萬元		
合　計	**900**萬元	**220**萬元	**680**萬元

強制汽車責任保險給付標準第7條：「受本保險每次因汽車交通事故致每一人死亡給付、殘廢給付及傷害醫療費用給付之金額，合計最高以新臺幣二百二十萬元為限。」

　　所以，當發生高額賠償金的車禍事故，強制第三人責任保險提供的保障非常低，將造成自身極大的負擔。另外，若發生多人受害的結果，恐怕賠償金額不足的部分還要加倍計算，因此適度地透過投保其他保險降低自己的風險，確實有其必要性。

更詳細的保險知識，請參見第三章「汽機車保險」（第113頁）

目 路權：過失責任，該如何判定？

● 「錢老師，快來幫我，明明我轉彎已經過半，是機車騎太快才撞上我，機車騎士卻要告我過失傷害，這樣子還有天理嗎？」

● 「我車門開了很久了，明明是機車騎士自己沒看清楚，撞上我的車門，為何還要我賠償呢？」

常常聽到這些問題，希望從我的口中找到支持他們行為正當的基礎，但我必須要說一個很現實的狀況，以目前的法令來說，路權才是判斷誰對誰錯的關鍵，恐怕很多朋友面臨的狀況都有過失行為，只是自己還不知道。

以下讓本書來介紹幾種常見的情況：

(一)轉彎車與直行車

依據道路交通安全規則第102條第1項第7款規定「轉彎車應讓直行車先行。」最常見的爭議是如果轉彎車過半，預估轉彎的時間應該對向車不會撞到自己，可是在實際的情況中，大多是摩托車疾駛而來，總是在莫名其妙的情況中撞到。

在一般人的觀念中，只要過半就沒有錯。可是在上開規定，只有規定「轉彎車應讓直行車先行。」且依據道路交通管理處罰條例第42條第1項第6款規定「轉彎車不讓直行車先行處新臺幣六百元以上一千八百元以下罰鍰。」這樣子的規定導致一般情況下，轉彎車一定要確認不會被直行車撞到，因為直行車擁有絕對的路權。

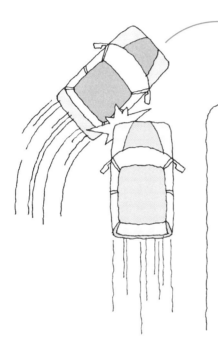

直行車撞上轉彎車示意圖

* 直行車有絕對的路權。
* 轉彎車要確認不會被
　直行車撞到。

■ 注意事項

● 通常轉彎車都會堅持沒錯，可是這樣子的堅持卻會在法庭上吃
虧，最好早點進行和解或調解，否則可能吃上刑事官司，還要負
擔民事賠償責任。

● 通常碰撞的地點是無號誌轉彎，直行車會有行經無號誌岔路口，
未減速慢行，未注意車前狀況的責任。

㈡支幹道進入主幹道

臺灣街頭巷弄不少，很多鄉村田野的路口沒有紅綠燈，很多人到了路口連看都不看，就飛馳出去，常常在交叉路口發生意外，所以道路交通安全規則第102條很重要，裡面談到如何判斷「路權」的標準。

依據該條規定，有「交通指揮人員」最優先，其次才是「燈光號誌」。所以碰到綠燈，但交通指揮人員不讓你過的時候，可千萬不要硬闖，如果發生車禍，那可是會吃大虧的。

但是大多數的情況都沒有交通指揮人員，且也沒有交通號誌，就只有什麼都沒有的交岔路口。交岔路口發生車禍時，該如何判斷誰對誰錯？路權就在於誰是主要道路，主要的道路稱之為「幹線道」，次要的道路稱之為「支線道」。

支線道的車輛應該要「暫停」，等待幹線道車輛先行。

只是，實際發生車禍的時候，大多是支線道的車輛稍微看一下就衝出來，幹線道的車輛來不即閃避，速度又快了那麼一點點，就撞在一起了，支幹線的車輛會堅稱：「我車子都停下來，看了很久，確認沒車才騎出去，過了一半才被高速而來的車輛撞到車子左後方。」幹線道的車輛則死咬著都是支幹線的車輛沒有禮讓主幹線。

幹線道車輛撞上支線道車輛示意圖

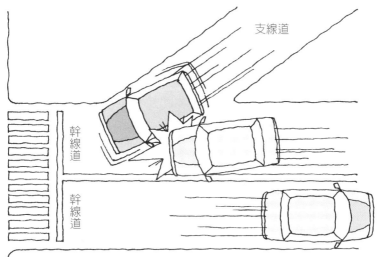

支線道

幹線道

幹線道

＊幹線道車輛有絕對路權。

＊支線道車輛應「暫停」，等待幹線道車輛先行。

■ **注意事項**

◉ 通常支線道車輛都會堅持沒錯，可是這樣子的堅持卻很難在目前的法令上站住腳步，還不如儘早進行和解或調解，否則可能吃上刑事官司，還要負擔民事賠償責任。

◉ 通常直行車會有未減速慢行，未注意車前狀況的責任，但相較於支線道車輛未能讓幹線道車輛先行，只算是次要責任。

【道路交通安全規則第102條】

汽車行駛至交岔路口，其行進、轉彎，應依下列規定：

一、應遵守燈光號誌或交通指揮人員之指揮，遇有交通指揮人員指揮與燈光號誌並用時，以交通指揮人員之指揮為準。

二、行至無號誌或號誌故障而無交通指揮人員指揮之交岔路口，支線道車應暫停讓幹線道車先行。未設標誌、標線或號誌劃分幹、支線道者，少線道車應暫停讓多線道車先行；車道數相同時，轉彎車應暫停讓直行車先行；同為直行車或轉彎車者，左方車應暫停讓右方車先行。但在交通壅塞時，應於停止線前暫停與他方雙向車輛互為禮讓，交互輪流行駛。

三、由同向二車道進入一車道，應讓直行車道之車輛先行，無直行車道者，外車道之車輛應讓內車道之車輛先行。但在交通壅塞時，內、外側車道車輛應互為禮讓，逐車交互輪流行駛，並保持安全距離及間隔。

四、右轉彎時，應距交岔路口三十公尺前顯示方向燈或手勢，換入外側車道、右轉車道或慢車道，駛至路口後再行右轉。但由慢車道右轉彎時應於距交岔路口三十至六十公尺處，換入慢車道。

五、左轉彎時，應距交岔路口三十公尺前顯示方向燈或手勢，換入內側車道或左轉車道，行至交岔路口中心處左轉，並不得占用來車道搶先左轉。

六、設有劃分島劃分快慢車道之道路，在慢車道上行駛之車輛不得左轉，在快車道行駛之車輛不得右轉彎。但另設有標誌、標線或號誌管制者，應依其指示行駛。

七、轉彎車應讓直行車先行。

八、對向行駛之左右轉車輛已轉彎須進入同一車道時，右轉彎車輛應讓左轉彎車輛先行，如進入二以上之車道者，右轉彎車輛應進入外側車道，左轉彎車輛應進入內側車道。

九、行至無號誌之圓環路口時，應讓已進入圓環車道之車輛先行。

十、行經多車道之圓環，應讓內側車道之車輛先行。

十一、交岔路口因特殊需要另設有標誌、標線者，並應依其指示行車。

十二、行至有號誌之交岔路口，遇紅燈應依車道連貫暫停，不得逕行插入車道間，致交通擁塞，妨礙其他車輛通行。

十三、行至有號誌之交岔路口，遇有前行或轉彎之車道交通擁塞時，應在路口停止線前暫停，不得逕行駛入交岔路口內，致號誌轉換後，仍未能通過妨礙其他車輛通行。

前項第二款之車道數，以進入交岔路口之車道計算，含快車道、慢車道、左、右轉車道、車種專用車道、機車優先道及調撥車道。

同向有二以上之車道者，左側車道為內側車道，右側車道為外側車道。

(三)汽車亂開車門

汽車開車門沒注意後方來車,也是常發生車禍的主要原因。因為開車門而導致後方來車撞上,幾乎都要負擔責任。依據道路交通安全規則第112條第3項規定:「汽車臨時停車或停車,開啓或關閉車門時,應注意行人、其他車輛,並讓其先行。」所以只要有人撞上你的車門,幾乎都要負擔民、刑法上的過失責任。

還曾經聽過有肇事者辯稱:「我車門已經開很久了,機車騎士自己撞上來,我可沒有過失。」讓我們再回頭看一下條文,可以發現這樣子的辯稱,還是沒辦法讓自己的過失責任變不見,頂多證明被害人有過失,在民事上依據過失相抵減輕賠償責任。(民法第217條第1項規定:「損害之發生或擴大,被害人與有過失者,法院得減輕賠償金額,或免除之。」)

其他常見的辯解,例如被害人車速過快,希望能藉此降低其賠償責任。某案中,亂開車門的被告指稱原告在巷道內車速過快,法院認為證人證稱車速大約是在30至40公里,並非儀器測量,尚非無疑。即便真的已經達到30至40公里的車速,但是巷道內的限速是40公里,也沒有逾越限速,所以原告並沒有過失責任。(臺北地方法院100年度重訴字第406號民事判決)

開車門導致騎士撞上示意圖

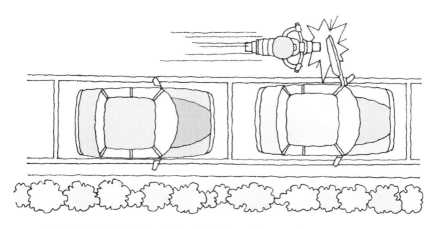

＊汽車臨時停車或停車，開啓或關閉車門時，應注意行人、其他車輛，並讓其先行。

■ 注意事項
● 通常開車門沒有過失應該是很少見，應儘早進行和解或調解，否則可能吃上刑事官司，還要負擔民事賠償責任。

○筆記○

第二章

交通事故之損害賠償

1

損害賠償的基本概念

■ 賠償義務人

(一)肇事者

　　肇事者的行為導致車禍的結果，必須要對其肇事的行為負責任。賠償義務人，白話來說，到底誰該賠你錢？

　　肇事者，當然就是賠償義務人。如果遇到資力還不錯的肇事者，則自己的損失就可以獲得完整的填補，可是如果遇到資力較差的當事人，恐怕就難以獲得滿足的賠償。

　　當然是愈有資力的賠償義務人，對自己是愈有利，如果撞到自己的是一位窮到不行的當事人，恐怕最後只能向對方投保「強制第三人責任險」的保險公司求償。如同臺中市市長胡志強的妻子，很不幸地發生車禍意外，肇事者也不是什麼有錢人，大概也沒什麼保險，胡市長遂心胸開闊地原諒了這位肇事者。

　　肇事者如果口袋空空，有時候還要看看背後有沒有「金主」，這個金主還必須是因為法律規定，使得這個金主與肇事者產生一定的連結關係，最常見的情況就是公車司機撞傷人，背後的「金主」當然就是客運公司。客運公司一般來說不會因為單一車禍事件就倒閉，通常有一定的資產可以理賠，對於受害人來說當然就比較有利。另外一種常見的情況，就是年輕人撞傷人，如果有法定代理人，則還可以請法定代理人負責賠償責任。

賠償義務人
- 肇事者
- 法定代理人（民法第187條）
- 僱用人（民法第188條）

● 相當因果關係

　　有一點必須要特別注意，是「相當因果關係」的概念。被害人要向肇事者主張侵權行為損害賠償，必須車禍結果所產生的損害，與侵權行為之間，有相當因果關係才能成立。

　　所謂「相當因果關係」，是指肇事者的行為所造成客觀損害的事實，依據一般正常人的知識經驗判斷，都認為此種肇事行為，通常都會產生相同的損害結果，則兩者之間具有相當因果關係。

　　例如，法師在路旁作法，希望來往的車輛發生車禍，果然有一輛車經過發生車禍，而向法師主張損害賠償。依據一般人的通念，恐怕作法並不會造成車禍的結果，兩者並沒有「相當因果關係」。

　　再舉一個法院判決的內容，來說明因果關係的重要性：

　　「被害人因車禍出院時意識清楚，其後跌倒二次、發燒數次，並非被告製造並實現了危及生命之風險，自非其負責之領域，無客觀歸責可言。經國立臺灣大學醫學院附屬醫院鑑定結果，亦認死亡與車禍應無相關。」

● 肇事者死亡

　　若是肇事者也死亡，受害人該向何人請求損害賠償呢？

加害者
（父）志明

（死亡）

請求賠償

繼承人
（子）小毛　　　受害人阿花

向繼承人請求損害賠償。

■ **單一繼承人**

說明

繼承人承受被繼承人財產上一切權利義務。

賠償責任，就是權利義務中之「義務」。因此，被繼承人的肇事責任，在被繼承人死亡時，應由繼承人負責之。

舉例

父親志明生前駕車肇事，導致阿花重傷，必須賠償300萬元。

志明也因為車禍身亡後，留下一子小毛，阿花可向志明的兒子小毛請求300萬元的賠償。

■ **多數繼承人**

如果有多數繼承人，則多數的繼承人須負連帶責任。

例如志明身前留下二子一妻春嬌，依據民法繼承規定，妻子春嬌與二子繼承志明財產上的權利與義務。

因此，重傷的阿花可以向春嬌及二子主張300萬元連帶賠償。

● 限定繼承：

1. 以遺產為限繼承債務

　　現行民法繼承編係以概括繼承為原則，鑑於社會上時有繼承人因不知法律而未於法定期間內辦理限定繼承或拋棄繼承，以致背負繼承債務，影響其生計，為解決此種不合理之現象，明定繼承人依民法第1148條第1項規定承受被繼承人財產上之一切權利、義務，惟「繼承人對於被繼承人之債務，以因繼承所得遺產為限，負清償責任。」（民§1148Ⅱ）以避免繼承人因概括承受被繼承人之生前債務而桎梏終生。

2. 什麼是「限定繼承」？

　　是指繼承人得限定以因繼承所得之遺產，償還被繼承人之債務。舉個例子，志明死後留下500萬元現金，但是卻欠債1,000萬元。志明的兒子小明對於債務1,000萬元並不需要全部負擔，只需要就繼承所得之遺產500萬元負責任。換言之，500萬元清償債務完畢後，還差500萬元，則不必負責清償。

實務案例　公車司機撞傷記者案

　　某公車司機駕車不慎撞傷記者，但為了避免遭客運公司處分，希望私下與記者和解。因傷勢頗重，且公車司機所欲賠償的金額過低，記者認為可以請求客運業者負連帶賠償責任，與公車司機私下和解，對其並不利，因此斷然拒絕之。

(二)法定代理人：肇事者未成年

1. 刑事責任部分

　　民法之未成年人，是指未滿20歲之人。但是就刑事責任的年齡部分，並不是以20歲為區分點，刑事責任能力主要右頁表格中三個年齡階段。

　　所以，許多高中生畢業時，剛好滿18歲，興致高昂地跑去考駕照，剛考上駕照馬上租車出外旅遊，結果發生車禍，若有過失，且造成他人之傷害或死亡，則必須負過失之責任。基於「刑僅止於一身」的概念，父母並不會因此而負擔刑事責任。

2. 民事責任

　　民法責任，若以年齡來區分，則是以20歲為分水嶺，也是分成右頁表格中的三個年齡階段。

　　基於保護限制行為能力人的立場，限制行為能力人其所為的法律行為效力未定，須事先經法定代理人允許，或事後經法定代理人的承認，始生效力。

Q：未成年人，非有完全行為能力人者，若車禍肇事侵害他人權益，是否要負擔責任？

A：依據民法第187條規定，其判斷標準是以行為時有沒有「識別能力」，分別有兩種情況：

　　(1)有識別能力，則與法定代理人負連帶賠償責任。

　　(2)無識別能力，完全由其法定代理人負損害賠償責任。

刑事責任能力

年齡	行為能力的種類	法律效果
未滿14歲	無責任能力	不罰
14歲以上，未滿18歲	限制責任能力	得減輕其刑
18歲以上	完全的責任能力	負完全的刑事責任

民事行為能力

年齡	行為能力的種類	法律效果
未滿7歲	無行為能力	法律行為無效
滿7歲以上之未成年人（未滿20歲）	限制行為能力	法律行為效力未定
20歲以上	完全行為能力	得獨立為法律行為

註：未成年人已結婚者，仍為有行為能力。（民§13Ⅲ）

　　大多數會討論到本條情況，通常是18歲剛考上駕照，或者是國中生無照駕駛的情況。這些情況，未成年子女通常有識別能力，與法定代理人負連帶賠償責任；如果真的沒有識別能力，當然由法定代理人（通常是父母）負賠償責任。

【民法第187條】

Ⅰ 無行為能力人或限制行為能力人，不法侵害他人之權利者，以行為時有識別能力為限，與其法定代理人連帶負損害賠償責任。行為時無識別能力者，由其法定代理人負損害賠償責任。

Ⅱ 前項情形，法定代理人如其監督並未疏懈，或縱加以相當之監督，而仍不免發生損害者，不負賠償責任。

Ⅲ 如不能依前二項規定受損害賠償時，法院因被害人之聲請，得斟酌行為人及其法定代理人與被害人之經濟狀況，令行為人或其法定代理人為全部或一部之損害賠償。

Ⅳ 前項規定，於其他之人，在無意識或精神錯亂中所為之行為致第三人受損害時，準用之。

　　如果法定代理人主張已經善盡監督之責，但是損害還是發生，主張不需要負損害賠償責任。若法定代理人因此而不必負擔損害賠償責任，無行為能力人或限制行為能力人又無資力負擔賠償，則對於被害人並不利。因此，被害人可以向法院聲請，得斟酌行為人及其法定代理人與被害人之經濟狀況，令行為人或其法定代理人為全部或一部之損害賠償。

如果是未成年人已經結婚的情況，因法律已經賦予其具有完全行為能力，故不符合民法第187條「無行為能力人或限制行為能力」之要件，例如顏清標的兒子顏○儀於16歲轟動結婚，雖然顏○儀還未成年，但已有完全行為能力，若此時駕車肇事，則父母並不需要負責任。

共同侵權行為

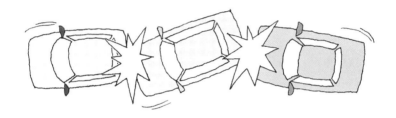

「數人共同不法侵害他人之權利者，連帶負損害賠償責任。」民法第185條第1項前段有規定。

假設志明的車子遭兩輛車從後追撞，三輛車前後撞成一團，最後面那一輛車的車速過快，有過失；中間那輛被撞的車，也因為沒有保持安全間距而撞及最前方的車輛，有過失。

後兩輛車對於第一輛被撞的車子，應負共同侵權之損害賠償責任。

(三)僱用人

如果是公車司機不小心撞到路人甲,路人甲是否要擔心公車司機沒錢可以給付高額的賠償金?

不需要擔心。因為司機的僱主,也就是公車業者,必須要負擔連帶賠償責任。所以即使公車司機無力賠償,還是可以向公車業者請求,這種情況比較不必擔心肇事者無資力的因素。

但也不是所有的僱主都很有資力,像是有些遊覽車公司,可能整間公司只有一兩輛遊覽車,當發生重大傷亡的遊覽車事故時,可能遊覽車公司也沒有資力可以賠償,所以許多遊覽車公司都會組公會聯保,會員車輛發生事故,由聯保制度給付賠償金,藉此分散風險,確保發生事故時的賠償能力。因此,車禍事件的談判過程中,若有僱用人與行為人負擔連帶賠償責任,通常比較不必擔心給付能力的問題。

實務案例 梅嶺大車禍

梅嶺大車禍造成多名遊客傷亡,肇事駕駛居然是無照駕駛,遊覽車同業公會全國聯合會本來因此要拒絕理賠,但是在多方協調下,終於願意出面理賠,總計理賠金額高達6、7千萬元。

由此一事件,雖然最後被害人獲得理賠之結果,但若非外力施壓,恐怕仍無法確保損害能獲得賠償。因此,在租用遊覽車時,應確實查證相關資料(如駕照、行照)是否符合法令規範或理賠事故發生時之文件要求,以避免難以理賠之情況發生。

【民法第188條】

Ⅰ 受僱人因執行職務，不法侵害他人之權利者，由僱用人與行為人連帶負損害賠償責任。但選任受僱人及監督其職務之執行，已盡相當之注意或縱加以相當之注意而仍不免發生損害者，僱用人不負賠償責任。

Ⅱ 如被害人依前項但書之規定，不能受損害賠償時，法院因其聲請，得斟酌僱用人與被害人之經濟狀況，令僱用人為全部或一部之損害賠償。僱用人賠償損害時，對於為侵權行為之受僱人，有求償權。

連帶賠償責任

我也要負責賠償！！

僱主

員工

簡單來說，受害人對於肇事者及其僱用人，均得主張損害賠償責任。而且肇事者與僱用人並不是平均分攤責任，而是就所有之責任負責。

例如賠償金額是300萬元，受害人得向肇事者或僱用人請求300萬元，不是各負擔二分之一的150萬。只要連帶債務還沒有全部履行前，全體債務人仍應負擔連帶賠償責任，也就是受害人可以主張僱主負擔全部300萬元的賠償責任。

● 執行職務

Q：什麼是執行職務？

A： 受僱人必須在執行職務的情況不法侵害他人之權利，僱用人才須與受僱人(行為人)負連帶賠償責任。因此，實務上如何判斷「執行職務」，就成為一項值得討論的議題。

所謂執行職務，一般而言包括下列幾種：

1. 職務上的行為

2. 職務上予以機會的行為

3. 與執行職務的時間或處所，有密切關聯性之行為

以下茲舉三種狀況，判斷是否屬於「執行職務」？

【狀況一：受僱人非上班時間駕駛公務車】

　　駕駛公務車，外觀上有執行職務的外觀，僱用人應該要負責任。但是通勤的部分，除非駕駛的是僱用人的車子，否則僱用人應該不必負責任。但是也有學者認為開始上班時，就是執行職務的開始。所以若是依照此一見解，剛到停車場發動車輛，直到開至辦公場所，所涉及的肇事責任，僱用人都要負責任。

實務見解

　　民法第188條第1項所謂受僱人因執行職務不法侵害他人之權利，不僅指受僱人因執行其所受命令，或委託之職務自體，或執行該職務所必要之行為，而不法侵害他人之權利者而言，即受僱人之行為，在客觀上足認為與其執行職務有關，而不法侵害他人之權利者，就令其為自己利益所為亦應包括在內。（42台上1224判例）

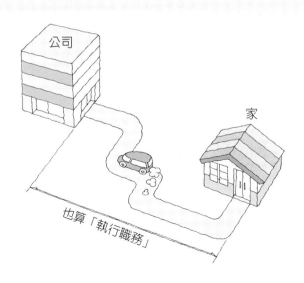

公司

家

也算「執行職務」

【狀況二：靠行車】

計程車有所謂的靠行，是指未領得個人計程車牌照，或者是未領得營業車牌照，而必須靠行於領有牌照的業者，而且須將計程車登記為該公司所有。如果計程車肇事時，肇事駕駛所屬的計程車行是否需要負擔損害賠償責任？

最高法院認為只要登記為車行所有，且車箱上也標明車行的名稱，即應負擔形式上僱用人的責任，與計程車司機負擔連帶賠償責任。

最高法院的見解顯然出自於保護被害人的立場。因為，車行與計程車司機到底有沒有實質上的監督關係，恐怕是有問題的。不過，一般計程車司機較無賠償之能力，若認為車行要負擔責任，則對於受害人能夠獲得最大的保障。

實務見解

　　民法第188條僱用人責任之規定，係爲保護被害人而設，故此所稱之受僱人，應從寬解釋，不以事實上有僱傭契約者爲限。凡客觀上被他人使用爲之服勞務而受其監督者，係受僱人。亦即依一般社會觀念，認其人係被他人使用爲之服務而受其監督之客觀事實存在，即應認其人爲該他人之受僱人。……目前在臺灣經營交通事業之營利私法人，接受他人靠行（即出資人以該交通公司之名義購買車輛，並以該公司名義參加營運），而向該靠行人（即出資人）收取費用，以資營運者，比比皆是，此爲周知之事實。是該靠行之車輛，在外觀上既屬該交通公司所有，乘客又無從分辨該車輛是否他人靠行營運者，則乘客於搭乘時，祇能從外觀上判斷該車輛係某交通公司所有，該車輛之司機即係受僱爲該交通公司服勞務。按此種交通企業，既爲目前臺灣社會所盛行之獨特經營型態，則此種交通公司，即應對廣大乘客之安全負起法律上之責任。蓋該靠行之車輛，無論係由出資人自行駕駛，或招用他人合作駕駛，或出租，在通常情形，均爲該交通公司所能預見，苟該駕駛人係有權駕駛，在客觀上似應認其係爲該交通公司服勞務，而應使該交通公司負僱用人之責任，方足以保護交易之安全。（92台上779）

【狀況三：車子遭到竊取】

　　竊賊偷了別人的車後，銷贓途中發生車禍，撞傷了行人，車主是否也要負擔車禍事故的賠償責任？

　　總之，車子被偷了，固然有所過失，但這一種過失並非造成受害人遭竊賊撞傷所應該負責的主觀過失；換言之，被害人受傷的結果，與竊賊撞傷被害人的行為有因果關係，但是與車主主觀上發生的過失並沒有因果關係。

當事人	賠償責任	理　由
竊賊	○	過失侵害他人權益，民事的部分當然要負擔損害賠償責任。
車主	×	以民事責任部分，車主的行為是疏忽導致汽機車遭竊，但是遭竊之行為並不會必然產生車禍的結果。並不能將車禍事故的結果，歸咎於車主疏忽失竊車輛。因此，車主不必負擔責任。

車子遭竊取後車禍的賠償責任

賠償請求權人

(一)被害人

被害人權利遭到侵害,得請求損害賠償,故被害人是當然的請求權人。但是若被害人未成年,則應由法定代理人代為意思表示及訴訟行為。

(二)為被害人支出費用之人

【民法第192條第1項】

不法侵害他人致死者,對於支出醫療及增加生活上需要之費用或殯葬費之人,亦應負損害賠償責任。

因為被害人已經死亡,無法對於肇事者主張權利,則當初支出醫療費用、增加生活上需要之費用、殯葬費用者,雖然不是被害人,還是可以主張損害賠償的責任。

(三)被害人之父、母、子、女及配偶

【民法第194條】

不法侵害他人致死者,被害人之父、母、子、女及配偶,雖非財產上之損害,亦得請求賠償相當之金額。

若肇事致死,往往導致配偶、後代子孫,或白髮人送黑髮人之精神上痛苦,對於此種痛苦,也可以請求主張賠償,而且每一個人都可以獨立主張,目前以100萬元左右較為常見,但有時也會看到數百萬元之慰撫金。

賠償請求權人

- 被害人
- 為被害人支出費用之人
- 被害人之父、母、子、女及配偶
- 被害人對其負有法定扶養義務之人

㈣被害人對其負有法定扶養義務之人

【民法第192條第2項】

　　被害人對於第三人負有法定扶養義務者，加害人對於該第三人亦應負損害賠償責任。

　　本規定，並非僅限於被害人死亡的情形，如果被害人受傷，影響到法定扶養義務的履行，第三人也能主張，例如被害人變成植物人，其未成年子女的學費，生活費無人可以賺錢支付這些錢，則可以請求之；或者是老人本來靠兒子扶養，可是兒子卻遭車子撞死，老來頓時失所依靠，也可以主張之。

2

損害賠償金額之計算

■ 損害賠償金額的基礎知識

　　侵權行為，依據民法第184條第1項前段規定，本來即可向侵權行為人請求損害賠償，其規定如下：

【民法第184條第1項前段規定】

　　因故意或過失，不法侵害他人之權利者，負損害賠償責任。

　　汽機車肇事所導致之損害，肇事駕駛人應該負擔賠償責任，民法更特別明文加以規定，相關條文如下：

【民法第191-2條】

　　汽車、機車或其他非依軌道行駛之動力車輛，在使用中加損害於他人者，駕駛人應賠償因此所生之損害。但於防止損害之發生，已盡相當之注意者，不在此限。

　　本書將損害賠償分成財產損害、慰撫金、財物損失三種，並與死亡、傷害及無傷亡三種，合併如右頁表。

事故類型	財產損害		慰撫金	財物損失
	積極損害	消極損害		
死亡事故	● 醫療費用 ● 喪葬費用 ● 增加生活上需要之費用 ● 其他支出	● 所失利益 ● 第三人扶養義務	得主張，應注意計算標準，例如考量死者的年齡、家庭經濟等狀況	汽機車毀損之修理費用、替代車費用、營業車補償 其他財物之損害，如衣物、手錶等
傷害事故	● 醫療費用 ● 增加生活需要之費用	● 喪失或減少勞動能力之損失 ● 所導致之所失利益 ● 第三人之扶養義務	得主張，應注意計算標準，尤其是傷害所導致之痛苦與不便	同上
無傷亡事故	✕	✕	✕	同上

另針對各種損害的法律依據，製表如下：

客體	類型		請求項目	法條依據
人	死亡	所受損害	醫療費	民§184、§192
			增加生活上需要費用	民§184、§192
			殯葬費	民§184、§192
		所失利益	法定扶養義務 其他所失利益	民§184、§192 民§216
		精神損害	慰撫金	民§184、§194
	身體或健康	所受損害	醫療費	民§184
			喪失或減少勞動能力	民§184、§193
			增加生活上之需要	民§184、§193
		所失利益	法定扶養義務（如撞成植物人，已經無法履行扶養義務） 其他所失利益	民§184 民§216
		精神損害	慰撫金	民§195
物			其物因毀損所減少之價額	民§196

(一)財產損害

　　財產損害可以分為積極損害與消極損害二種。物之損害賠償本來也屬於財產損害的一種，但是為了區別起見，特別獨立介紹，另外列為一項。

　　損害賠償之範圍，其規定如下：

【民法第216條】

Ⅰ損害賠償，除法律另有規定或契約另有訂定外，應以填補債權人所受損害及所失利益爲限。

Ⅱ依通常情形，或依已定之計劃、設備或其他特別情事，可得預期之利益，視爲所失利益。

　　由上述條文可以知道，損害賠償應包括所受損害及所失利益。所受損害，即本文之積極損害；所失利益，即本文之消極損害。第2項規定：「依通常情形，或依已定之計劃、設備或其他特別情事，可得預期之利益，視為所失利益」，是針對所失利益加以解釋。以下分別簡單說明之：

　　1.積極損害（所受損害）：

　　　　是指受害人因為肇事者的肇事行為，導致的直接損害。例如死亡事故中，所支出的喪葬費用、醫療費用、增加生活上之費用等。

2.消極損害（所失利益）：

　　　是指受害人因為肇事者的肇事行為，所導致減少的收入，如不能工作之損失、簽約金等。舉個例子，志明正要前往Google任職，Google表示只要簽約即可領取1百萬元之簽約金，但志明途中發生車禍，導致無工作能力，簽約金也因此無法領得。

㈡慰撫金

　　又稱為精神上之損害賠償、非財產上之損害賠償。但有實務見解認為，非財產上的損害賠償與慰撫金有所不同，前者除醫療費外，還包括慰撫金，所以範圍較為廣泛。本文則將醫療費，歸類在財產上之損害賠償，以利概念上之區分。

　　針對慰撫金，民法規定如下：

【民法第195條第1項前段規定】

　　不法侵害他人之身體、健康、名譽、自由、信用、隱私、貞操，或不法侵害其他人格法益而情節重大者，被害人雖非財產上之損害，亦得請求賠償相當之金額。

　　由於車禍肇事，所侵害者大多是被害人的身體、健康，依據本條規定，只要情節重大，被害人就可以主張非財產上的損害賠償，也就是主張慰撫金。

(三)物之損害賠償

【民法第196條規定】

不法毀損他人之物者，被害人得請求賠償其物因毀損所減少之價額。

汽機車肇事，除了導致人身的傷亡之外，還會導致汽機車毀損，隨身物品如手機、飾品或其他物件，也會因為撞擊而有所損害。

(四)過失相抵

損害賠償之談判，要考量雙方過失的比例，應該依據過失相抵的原則，決定最後的賠償金額。(請參照本書第110-112頁)

二 傷害事故

傷害事故的損害賠償，可以主張：

①積極損害（第69-76頁）

②消極損害（第78-90頁）

③慰撫金　（第91-93頁）

此外，若有財物上的損失，也可以請求損害賠償。

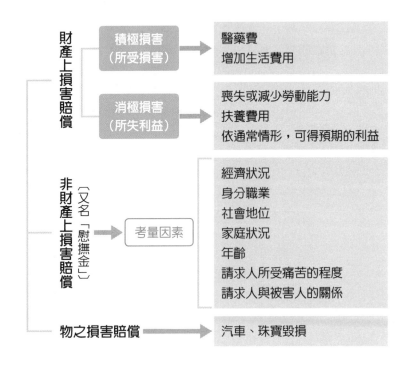

傷害事故

財產上損害賠償 — 積極損害（所受損害）→ 醫藥費／增加生活費用

消極損害（所失利益）→ 喪失或減少勞動能力／扶養費用／依通常情形，可得預期的利益

非財產上損害賠償〔又名「慰撫金」〕 → 考量因素 → 經濟狀況／身分職業／社會地位／家庭狀況／年齡／請求人所受痛苦的程度／請求人與被害人的關係

物之損害賠償 → 汽車、珠寶毀損

(一)積極損害（所受損害）

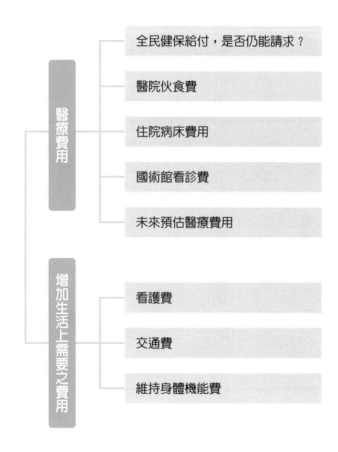

1.醫療費用

　　因車禍事件導致受傷住院，相關住院費、藥品費、檢驗費等，都可以依據相關條文請求損害賠償。只要檢具相關單據，法院、保險公司通常都會准許之。下列情況則略有爭議，分別說明如下：

　⑴全民健保給付，是否仍可請求？

　　目前在臺灣的民眾，幾乎都已經投保全民健康保險（以下簡稱全民健保）。只要發生疾病、傷害等事故，依法都可以獲得保險給付。目前全民健保只給付一部分之醫療費用，其餘部分則需病患自付，可分為「健保給付額」、「自付額」兩種。

　　「自付額」的部分，當然可以檢具單據請求，但是「健保給付額」的部分，是否仍可請求呢？

　　答案很簡單，不行。

　　理由也很簡單，避免強制汽車責任保險人雙重給付。因為依據全民健康保險法第95條規定，健保給付後，可以代位向強制汽車責任保險保險人請求。換言之，可以想像成受害人透過健保局向強制汽車責任保險之保險人請求（如右上圖）。如果受害人又向肇事者請求，最終由強制汽車責任保險保險人給付，變成要給付二次，成為雙重給付，並不洽當。所以，「健保給付額」的部分，不得再向肇事者請求。

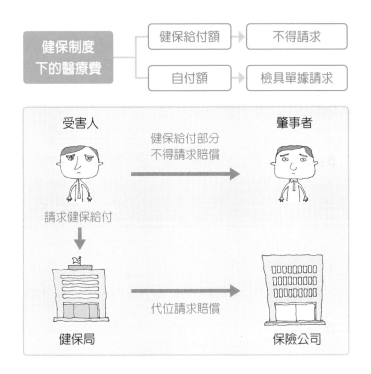

【全民健康保險法第95條第1項】

　　保險對象發生對第三人有損害賠償請求權之保險事故，本保險之保險人於提供保險給付後，得依下列規定，代位行使損害賠償請求權：

一、汽車交通事故：向強制汽車責任保險保險人請求。

二、公共安全事故：向第三人依法規應強制投保之責任保險保險人請求。

三、其他重大之交通事故、公害或食品中毒事件：第三人已投保責任保險者，向其保險人請求；未投保者，向第三人請求。

⑵醫院伙食費

　　所受損害，是指發生車禍事故之前，並不需要給付之費用，發生車禍之後，才需要給付此項費用。雖然每個人每天都需要支付伙食費用，但是醫院的伙食經過特殊調製，費用較為高昂，屬於治療行為之一種，應屬醫療費用。

　　因此，於住院期間所支付之膳食費用，原則上屬於增加生活上需要之費用，可以向加害人請求。個人購買的營養補品費，也算是其中一種回復身體機能的方式，例如開刀後必須食用高營養的飲品，只要是必要、合理的費用，都可以向肇事者主張之。

這些大餐的錢可以主張嗎？

⑶住院病床費用

住院病床費用，目前健保都有給付。但因為健保給付的部分，一般來說都是三人房，若要升級成雙人房或單人房，其間的差價，除非有特殊之情況，如醫院基於病情需要所為之更改病房之要求，一定得住雙人房或單人房，否則並不得請求之。

⑷國術館看診費

我國許多民眾發生車禍後，因為大多是骨折或挫傷，喜歡尋求國術館進行推拿復建等民俗治療，這些治療所花的看診費用，目前實務上，仍以是否與病情有關，是否由專業人士為之，來決定是否列為必要的費用，請求肇事者賠償。

實案分析 國術館診療單據

觀諸原告提出之○○國術館收據，治療時間除96年1月2日6百元收據治療摘要為「臂部挫傷」；96年1月18日5百元收據治療摘要為右手肘、右腳踝外，其餘均包括左大腿、左手肘及腰部之治療，與原告本件車禍所受傷害相關，而剔除該二份收據後，原告支出醫藥費為1萬350元，與原告前開陳述相符，自應准許。（高院97訴10）

⑸未來預估醫療費用

若是因為車禍所造成的損害，經過醫師的診斷後，認為還有再進行診治的必要，可以向肇事者請求賠償，例如後續性的開刀、復建或門診追蹤治療。但是任何費用都要有憑據，此種未來的醫療費用，可以請醫師開立診斷證明書，或者是醫療費用預估證明單，都可以作為證明文件。

2. 增加生活上需要之費用

　　民法第193條第1項「增加生活上之需要」，是指被害人以前並無此需要，因為受侵害，始有支付此費用之需要。

　　⑴看護費

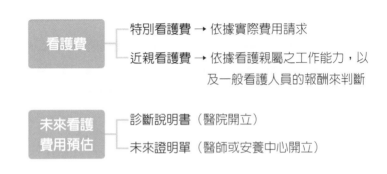

看護費有兩種情況：

①特別看護費

　　特別看護費部分：是指聘用他人擔任看護工作，此部分之費用只要必要、合理，可以向肇事者主張。

②近親看護費

　　近親看護費部分：則是指並未聘請他人擔任看護工作，而是由受害者之親人負責照顧。這種情況只要有必要、合理性，還是可以主張。被害人受傷，而由親屬代為照顧被害人之起居，固係基於親情，但親屬看護所付出之勞力，並非不能評價金錢，只因兩者身分關係密切而免除支付義務，此種親屬基於身分關係之恩惠，自不能加惠於加害人。（97台上1318）

　　只是費用上並不像特別看護費有單據作為憑據，可以參考負責看護親屬之工作能力，以及一般看護人員的報酬來判斷，以決定一個合理請求之費用。

　　未來預估的看護費用：可以請求至被害人可以自理生活時為止。可以請醫師開立診斷證明書，或者是安養中心出具估價證明單，都可以作為證明文件。

實務見解 **未來看護費**

　　看護費用通常很高，所以訴訟過程中，雙方會為此進行攻防，例如主張應該自車禍事件發生時起6個月，都要有人進行看護，如果被告拒絕給付，則原告就必須對於自己有利的事情負舉證責任。例如某車禍案件中，請求法院函請醫院回覆所需的看護期間，醫院回覆「傷勢嚴重導致不良於行，需人看護，不良於行時間約為6個月」。通常法院判決得主張看護費用的請求時間就是6個月，當事人想要主張更多的金額，就要提出其他的事證。（高院97上易372）

(2)交通費(往來就醫)

　　被害人因為受傷住院、轉院所支出的相關交通費用，屬於治療所必要的花費，可以向肇事者請求賠償。至於後續前往醫院所支出的交通費用，只要是醫師囑咐必要醫療行為，都認為是必要的花費，而得以請求之。但是，也要留下相關的費用憑證，例如搭乘計程車，就可以請司機開立收據，據此向對方請求之。

(3)維持身體機能費用

　　義肢、拐杖、輪椅等，都是為了維持身體最基本機能的費用，還有進一步的復健費用，這些費用實務上都允許請求。

實務見解 **計程車到哪裡？**

　　原告主張搭計程車到醫院、國術館、××健康有限公司，但是被告只認為到醫院才與車禍事件有關係，到其他地方的計程車費不可以主張。法院則認為原告被撞骨折，需要1年多才能復原，確實有搭乘計程車之必要，不限於到醫院才可以請求計程車費用。（高院97上易372）

○筆記○

(二)消極損害

```
                ┌─ 扶養費用
  消極損害    ├─ 喪失或減少勞動能力
                └─ 依通常情形可得預期的利益
```

1.扶養費用

比較常見的的情況，有下列兩種：

多是小孩子騎機車身故，則直系血親尊親屬，如父母，本來可以期待小孩子長大後，能照顧父母的餘生，而有權利對於肇事者得主張損害賠償。

其次，較為常見的案例，則是父母駕駛汽機車身亡，年幼的小孩將無法獲得父母的照顧。因此，對於肇事者得主張損害賠償。

(1)第三人的範圍

民法第192條第2項「第三人」的範圍很重要，否則親朋好友都來主張扶養費，那可真的是沒完沒了。要瞭解第三人的範圍，並須先找出互負扶養義務的規定，再決定受扶養權利者的順序。

法定扶養義務之規定

民法第1114條
下列親屬，互負扶養之義務：
一、直系血親相互間。
二、夫妻之一方與他方之父母同
　　居者，其相互間。
三、兄弟姊妹相互間。
四、家長家屬相互間。

＋

配偶間扶養義務的順序：
法律規定配偶間互負扶養義務之順序，與直系血親卑親屬相同；受扶養權利的順序，與直系血親尊親屬同。（參照民法第1116-1條規定）

接下來要依據「受扶養權利順序」，來決定「第三人」。民法第1116條有「受扶養權利」的順序，受扶養權利者有數人，而負扶養義務者之經濟能力，不足扶養其全體時，依照下列順序決定受扶養之人，茲將規定列表如下：

順序	內容	範例
一	直系血親尊親屬	父母、(外)祖父母、曾(外)祖父母
二	直系血親卑親屬	子女、孫子女、曾孫子女
三	家屬	以永久共同生活為目的同居一家，關係密切，即使沒有親屬關係亦同
四	兄弟姊妹	除全血緣外，半血緣的也包括在內，如同父異母或同母異父的兄弟姐妹
五	家長	以永久共同生活為目的同居一家，關係密切，即使沒有親屬關係亦同
六	夫妻之父母	所謂的公婆、岳父母
七	子婦、女婿	子婦，即所謂的媳婦

⑵受扶養權利

受扶養的權利，是指<u>不能維持生活而無謀生能力</u>，其規定如下：

【民法第1117條】

受扶養權利者，以不能維持生活而無謀生能力者為限。

前項無謀生能力之限制，於直系血親尊親屬，不適用之。

Q：已經成年的學生，例如三、四年級以上的大學生、研究生，能不能主張受扶養的權利？

模擬對話

某甲（亡者之子）：本來先父還繼續提供我唸研究所的學費、生活費，現在被你一撞而離開人間，你要賠償我本來享有的受扶養權利。

某乙（肇事者）：你一個研究生，已經年滿20了，怎麼還要父親扶養，難道你不會打工嗎？

某甲：我課業繁忙，而且最近金融海嘯來襲，哪找得到什麼工作，所以我要等到畢業後，再來正式地找工作。

某乙：你好手好腳的，並非「無謀生能力」，不能主張受扶養權利。

某甲：難道滿20歲成年，好手好腳就有謀生能力嗎？

實務上認為所謂謀生能力，並不是指沒有工作能力。三、四年級以上的大學生、研究生絕對有工作能力，因此若採此種解釋，將推論成有謀生能力，而不能享有受扶養的權利。所以，對於有工作能力

但是不能期待其工作,或者是因為社會經濟情況驟變,導致失業的情況,千辛萬苦還是找不到工作,還是認為無謀生能力,而有受扶養的權利。

不能維持生活而無謀生能力,才能主張扶養費。但是直系血親尊親屬,即所謂的父母、祖父母等,法律給予特別之保護,只需要不能維持生活,即可享有受扶養的權利,而不論有無謀生能力。(72台上4792、74台上1749、77台上1705)

● 扶養的程度

扶養之程度,應按受扶養權利者之需要與負扶養義務者之經濟能力及身分定之。(民§1119)

其實這是一個相當抽象的概念,來看看底下這個案例:

實務見解 **不能維持生活之判斷**

某甲騎機車遭計程車司機某乙撞死,某甲之父母某丙(54歲)及某丁(48歲),眼見老來將會無所依靠,因此訴請某乙賠償扶養費。

法院認為其父親某丙年薪接近百萬,利息所得也有8萬餘元,母親某丁年薪也近60萬元,股利所得超過10萬,不動產方面,房屋、土地各1筆,其中土地部分僅公告現值即有3百餘萬元,足見某丙及某丁2人均有工作能力及薪資收入、利息所得,且名下擁有不動產,益見兩人有一定資力,且能自給自足,縱退休後仍能維持生活,並不符合「不能維持生活」之情形,所以不能主張扶養費。(98重訴301)

(3)扶養費之請求計算方式

　　然而，扶養費之請求較為複雜，牽涉到扶養的年限、扶養的水準也就是每月扶養金額，以及中間利息該如何扣除等問題。若有主張扶養費之情況時，可藉下列四步驟來計算：（參照右表）

Step 01：何時有扶養能力：從扶養義務人的角度，首先要計算何時有扶養能力，例如父親已經50歲了，正常情況下即有扶養能力。臺灣的男性如果活到85歲，則50歲的父親還可以扶養子女35年。（但子女通常不需要被扶養那麼久）

Step 02：決定受扶養的年限：受扶養者如果是17歲，假設20歲成年即有謀生能力，則還可以受扶養3年，所以只能主張扶養3年。因此，即使父親還可以扶養子女35年，但是子女只需要扶養3年，即有謀生能力，所以為3年。

Step 03：決定應受扶養的水準：可以參考主計處公告的「家庭收支調查報告」或各縣市政府公布之「每月經常性支出」，可依據平均每人經常性支出，來作為計算扶養費的參考依據。但如果能提出其他證明，仍然得以其他證明為依據。

Step 04：計算扶養費：但若是一次給付者，則必須依據霍夫曼扣除中間利息，剩餘者才是主張的費用。

　　計算扶養費用的情況相當多變，上述計算流程只是提供一種參考的依據，詳細個案還是必須依據實際情況計算。

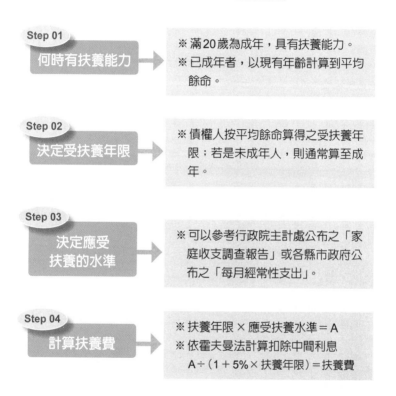

扶養費之請求計算方式

Step 01
何時有扶養能力 ➡ ※滿20歲為成年，具有扶養能力。
※已成年者，以現有年齡計算到平均餘命。

Step 02
決定受扶養年限 ➡ ※債權人按平均餘命算得之受扶養年限；若是未成年人，則通常算至成年。

Step 03
決定應受扶養的水準 ➡ ※可以參考行政院主計處公布之「家庭收支調查報告」或各縣市政府公布之「每月經常性支出」。

Step 04
計算扶養費 ➡ ※扶養年限×應受扶養水準＝A
※依霍夫曼法計算扣除中間利息
A÷（1＋5%×扶養年限）＝扶養費

※註：平均餘命，可參考內政部社會司「○○年臺閩地區簡易生命表（男性或女性）」，計算聲請人還可以活多久。可上網路以Google搜尋「簡易生命表」之關鍵字，或上內政部網站查詢即可。

2. 喪失或減少勞動能力

減少勞動力之年損害額 ＝ 年收入 × 減少勞動能力之比率

※ 勞工保險條例第53條第1項規定

被保險人因普通傷害或罹患普通疾病，經治療終止後，如身體遺存障害，適合殘廢給付標準表規定之項目，並經保險人自設或特約醫院診斷爲永久殘廢者，得按其平均月投保薪資，依同表規定之殘廢等級及給付標準，一次請領殘廢補助費，殘廢給付標準表如附表二。

參考
殘廢給付標準表
喪失勞動能力比率表

　　喪失或減少勞動能力換算成實際損害賠償金額，其方式有些複雜，以下提供常用之計算標準與實務計算方式：

㈠計算減少或剩餘勞動能力價值之標準

　　應以一般情況下勞動能力可能取得之收入爲標準（最高法院61年度台上字第1987號判例），唯勞動能力之減損並不以現階段爲限，還包括未來可預期的情況，也可以請求損害賠償。若未來的職業不可預知，還是可以斟酌資質、性格及家庭狀況等客觀因素判斷之。

　　金額的計算，並不以一時一地的工作收入爲標準，還必須依據身體健康狀況、教育程度、專門技能、社會經驗等因素酌定之。

　　若仍難以判斷金額，有時會送請調查局、醫院鑑定，或由法院依據專門醫師之診斷書，及採用勞工保險條例第54-1條附表所定殘廢給付標準表（共15級）所定殘廢等級，作爲計算金額的參考資料。

⑵實務常用之年損害額之計算

實務上常參酌勞工保險條例第54-1條「殘廢給付標準表」，作為判斷喪失勞動能力之比例。也就是以「年收入」與「減少勞動能力之比率」相乘，計算減少勞動力之年損害額。

喪失或減少勞動比率該如何計算呢？提供下表作為參考：

殘障等級	喪失或減少勞動比率	殘障等級	喪失或減少勞動比率
1	100%	9	53.83%
2	100%	10	46.14%
3	100%	11	38.45%
4	92.28%	12	30.76%
5	84.59%	13	23.07%
6	76.9%	14	15.38%
7	69.21%	15	7.69%
8	65.52%		（以上比率僅供參考）

上述數據僅供參考，有時雙方發生爭議時，法院會送請相關機關鑑定，如醫院鑑定報告中提出喪失能力的比率，最後再由法院做出判決。其具體實務案例如下頁：

案例 A　法院斟酌、折衷當事人之主張

「關於遺留永久障害及勞動力減退部分，左膝關節活動度減少約1/3，比照『勞工保險殘廢給付標準』之規定，應可符合『肢體障害』第147項之『1下肢3大關節中，有1大關節遺存運動障害』，為第13等級（喪失勞動能力約15～20%）……減少勞動能力比率部分，上訴人請求依15%計算，被上訴人乙請求依20%計算，本院斟酌前開證據、被上訴人乙工作性質，所受傷害，及被上訴人乙雖經醫治，骨折已經癒合，但左側膝蓋已出現外傷性關節炎，有提早出現退化性關節炎之變化，且為無法恢復之障害，認減少勞動能力比率以17.5%為宜。」

（參照臺灣高等法院96年度上字第2號民事判決）

案例 B　斟酌客觀情況

上訴人雖主張：伊右眼功能已喪失，勞動能力之減損已達61.25%云云，固據提出勞工保險條例殘廢給付標準表、各殘廢費等級喪失或減少勞動能力比率表為證。法院認為：殘廢給付標準表所稱殘廢給付標準日數，指被保險人發生傷殘而請求殘廢補助及殘廢給付時，據以為核算其金額基礎之標準，此與被害人依侵權行為法則，請求加害人賠償其減少勞動能力損失計算基礎之餘存工作年限，尚屬有間；仍應斟酌被害人之職業、智能、性向、年齡、再教育等因素加以適當調整（最高法院88年度台上字第2208號判決意旨參照）。

（參照臺灣高等法院98年度勞上字第69號判決）

案例 C　函請鑑定

　　本院依上訴人之請求（見本院卷第78頁），函請林口長庚醫醫院鑑定王女勞動能力減損情形，鑑定結果略以：據病歷所載，王女至長庚醫院職業醫學科門診鑑定，經施行理學檢查，並安排至眼科施行相關檢查，綜合評估王女仍殘存右眼複視、注意力及記憶力減退等情形；再依據美國醫學會障害評估指南之評核標準，加以綜合病患受傷部位、將來賺錢能力、工作性質及年齡予以調整計算鑑定後，其勞動力減損27%，有林口長庚醫院函在卷可按。

　　其次，王女受有頭部外傷致右側第三對腦神經（動眼神經）痲痺，瞳孔無光反射，眼球轉動受限造成複視、無法看近物、聚焦、引起暈眩、頭痛之傷害，創傷超過6個月，依醫理推測有永久傷害的可能，此有署立新竹醫院出具之勞工保險殘廢診斷書在卷可證。

　　最後，王女依該殘廢診斷書向勞工保險局申請殘廢給付，勞工保險局審查認為王女殘廢程度符合殘廢給付標準表第26項「一眼眼球遺存顯著調節機能障害或運動障害者」第13等級，而為該局給付90日計126,000元職業傷害殘給付在案，此有勞工保險局函文可證，足見王女勞動能力減少達27%，自屬可信。

（參照臺灣高等法院98年度上字第562號判決）

● 怎麼計算「年收入」？

參 考 判 決：臺灣高等法院97年度上易字第851號民事判決
被害人某甲：我最近工作了28天，就賺了7萬元。
加害人某乙：可是你下個月都沒工作啊！

　　法官調查了一下，表示某甲是以承包工程為業，並不是每天都有機會工作，尚不得以一時一地之收入為準，遂認其每日工作所得為2,500元（最高法院63年台上字第1394號判例參照）。

　　如果沒有固定薪資可以計算，也拿不出「綜合所得稅各類所得資料清單」中有更高的薪水，則年收入可以參酌行政院依勞動基準法第21條第2項核定「每月基本工資」來計算，年損害額計算範例如下：

> **年損害額＝年收入 × 喪失或減少勞動能力比率**
> **＝ 20,000×25%**

　　最後，再以年損害額乘以所主張的時間，再乘以「霍夫曼係數」扣除中間利息，例如現年55歲，主張至65歲退休，則可以主張10年。

霍夫曼係數

計算公式　　X＝A÷（1＋n×r）

A 為每年應付金額 ； n 為年間隔 ； r 為利率

X 為某年後，應給付A時，現在應付之金額

　　但是，實務上並不會這樣子去計算，也不會計算各年度的金額後再相加起來，而是依據霍夫曼係數表（如下頁表）「累計之金額」之倍數來相乘，藉此計算總金額。

　　舉個例子，如果每年的扶養費用是100元，第一年不扣除中間利息，所以還是100元。

　　第二年，則套入公式

　　$100 ÷ (1 + (2 - 1) × 5\%) = 100 ÷ 1.05 = 95.23809524$（元）

　　也就是這筆錢先給付給你，你可以多領一年的利息，這筆利息要先扣下來，所以第二年的部分只要給付95.23809524(元)，累計第一年加上第二年之金額是195.238095(元)。

　　第三年，一樣套入公式

　　$100 ÷ (1 + (3 - 1) × 5\%) = 100 ÷ 1.10 = 90.90909091$（元）

　　所以現在付給你的錢，要先扣除掉兩年可能領取的利息，所以第三年的部分，只要給付90.90909091（元），累計第一年、第二年以及第三年之金額是286.147186（元）。

年份	當年份之金額	累計之金額	年份	當年份之金額	累計之金額
1	100	100	2	95.23809524	195.238095
3	90.90909091	286.147186	4	86.95652174	373.103708
5	83.33333333	456.437041	6	80	536.437041
7	76.92307692	613.360118	8	74.07407407	687.434192
9	71.42857143	758.862764	10	68.96551724	827.828281
11	66.66666667	894.494948	12	64.51612903	959.011077
13	62.5	1021.51108	14	60.60606061	1082.11714
15	58.82352941	1140.94067	16	57.14285714	1198.08352
17	55.55555556	1253.63908	18	54.05405405	1307.69313
19	52.63157894	1360.32470	20	51.28205128	1411.60676
21	50	1461.60676	22	48.7804878	1510.38725
23	47.61904762	1558.0063	24	46.51162791	1604.51793
25	45.45454545	1649.97247	26	44.444444	1694.416917
27	43.478261	1737.895178	28	42.553191	1780.448369
29	41.666667	1822.115036	30	40.816327	1862.931362
31	40	1902.931362	32	39.215686	1942.147049
33	38.461538	1980.608587	34	37.735849	2018.344436
35	37.037037	2055.381473	36	36.363636	2091.74511
37	35.714286	2127.459395	38	35.087719	2162.547115
39	34.482759	2197.029873	40	33.898305	2230.928178
41	33.333333	2264.261512	42	32.786885	2297.048397
43	32.258065	2329.306461	44	31.746032	2361.052493
45	31.25	2392.302493	46	30.769231	2423.071724
47	30.30303	2453.374754	48	29.850746	2483.2255
49	29.411765	2512.637265	50	28.985507	2541.622772

㈢慰撫金

被害人因車禍導致身體受到輕重不等之傷害，有些傷害短時間之內可以復原，有些傷害則需要長時間的復健過程、喪失自理日常生活能力，期間的痛苦難以為外人道矣！甚至於有些傷害可能會導致外貌、性功能、大小便失禁等影響，更是讓受害人難以忍受。

■ 多少慰撫金數額恰當？

實務上仍是以個案判斷，除了被害人傷勢之外，還要考量雙方當事人的職業、身分、地位、經濟及其他一切情狀。

最高法院96年度臺上字第513號民事判決：「精神慰撫金之多寡，應斟酌雙方之身份、地位、資力與加害之程度及其他各種情形核定相當之數額。其金額是否相當，自應依實際加害情形與被害人所受之痛苦及雙方之身份、地位、經濟狀況等關係決定之。」

窮人主張賠償，是不是會判賠比較少呢？

舉一個例子，假設林志玲和一個鄉下貧窮的18歲小姑娘，分別發生車禍而毀容，法院判決賠償的金額會一樣嗎？恐怕是不會一樣的。

		林志玲	貧窮的18歲小姑娘
職	業	模特兒	麵攤洗碗
身	分	年收入1億元	年收入25萬元
地	位	深受各界注目	沒沒無聞
經	濟	身價10億元	身價，欠卡債20萬元
加害程度		臉部一道刮痕，嚴重影響演藝事業，可能嫁不出去	臉部一道刮痕，不會影響洗碗事業，可能嫁不出去

這是目前法官審理相關賠償的一些參考因素，所以自身的財富地位也確實會影響賠償的金額。

實務見解看似具體，但對於當事人而言，還是沒有具體參考的標準。以下舉幾個高等法院之判決內容與賠償金額作為參考：

類 型	受害情況	判決金額	備註
喪失自理能力重大難治之傷害	喪失自理日常生活能力、嚴重失智、無法言語、吞嚥及行動不便、大小便失禁，日常生活完全依賴他人照顧。 傷勢屬重大難治之傷害。	120萬元	臺灣高等法院95年度重訴字第50號民事判決
拖行顏面疤痕	車禍致人車倒地且拖地滑行所受驚恐，造成難以磨滅之陰影。 年輕女性，遭此傷害，顏面留有疤痕，影響外觀，對求職、生活均有相當程度影響等一切情狀。	80萬元	臺灣高等法院96年度上易字第822號民事判決
視力減退	歷經4個多月後始能恢復工作，唯其左眼視力減退至眼前20公分指數（0.02以下），且已無回復之可能。 行動不便及肉體上之折磨外，並影響工作，非但蒙受精神上之極大痛苦，亦使其生活秩序大受影響，並造成家人生活上之負擔。	100萬元	臺灣高等法院96年度上字第420號民事判決
骨折	臉部多處擦傷，右側近段脛骨骨折等傷害。 需復健、門診追蹤治療。 被害人係從事負重之焊接、組裝工人，年薪收入近60萬元，名下房屋貸款；肇事者為有固定收入之公職警務人員，竟違規酒後駕車。	30萬元	臺灣高等法院96年度上易字第800號民事判決

類 型	受害情況	判決金額	備註
手指不能彎曲	右手食指末關節不能屈伸。	20萬元	臺灣高等法院97年度上易字第851號民事判決
頸脊髓損傷	頸脊髓損傷併四肢無力之傷害。	30萬元	臺灣高等法院98年度上易字第87號民事判決
挫傷	頭部外傷合併腦震盪、頸部挫傷、胸部挫傷等傷害。	30萬元	臺灣高等法院98年度上易字第1237號民事判決
骨折、挫傷	左右股骨幹骨折、胸部挫傷併右肺挫傷、左眼挫傷等傷害。施行開放性復位併鋼釘內固定手術後，須休養3至6個月，術後6週內則需24小時看護照顧，於102年11月4日最後1次回診時仍需使用單拐助行。上訴人為中學畢業，於系爭車禍發生時為五結鄉 戶政事務所之工友，101年度所得總額為656,207元；被上訴人為大學畢業，從事金融保險工作，101年度所得總額為1,105,998元。	70萬元	臺灣高等法院103年度上字第101號民事判決

註：當事人請求之金額較低，可能法院即全部核准

三 死亡事故

(一)積極損害：

車禍導致受害人死亡，一般來說相關費用都由家屬支付，肇事者應對支出者負損害賠償之責。民法第192條第1項（如下）規定「殯葬費」三字，並不是只要與喪禮有關之費用都可以主張之；我國實務上認為只有在必要、合理的範圍內，肇事者才應該要給付此筆費用。

【民法第192條第1項】

不法侵害他人致死者，對於支出醫療及增加生活上需要之費用或殯葬費之人，亦應負損害賠償責任。

一般主張的賠償金額，必要、合理範圍如下：

項目	內容	細項
生前	醫療費	與傷害事故同，須提出單據
殯葬	葬禮儀式	壽衣、誦經、孝服、麻布、搬運屍體、米飯、金紙、屍體保管化妝、引魂、式場設備、遺像費用、靈堂及相關擺設等
	土葬	造墓及材料費、工資、墓碑、墓地、棺木、靈柩車資等必要費用
	火葬	骨灰罈、棺木費等必要費用
爭議項目		諸如供桌祭拜之物、飲宴、樂隊、訃聞、登報、輓聯等，則依據具體個案，參考被害人的身分，決定是否屬於必要費用。

備註：1. 考量被害人的身分地位，例如大企業家或市井小民舉辦的喪禮規模即有所不同。
　　　2. 考量習俗及宗教儀式。

至於增加生活上需要之費用，第三人之扶養義務，與傷害事故同，可以參照本書第69-76頁。

(二)消極損害：

主要是喪失或減少勞動能力之損失，則可以參照本書第78-90頁之內容來判斷。

(三)慰撫金

1. 請求權人

被害人死亡的情況，已無法請求慰撫金。但法律有明文規定，父、母、子、女及配偶是可以請求賠償之當事人，其規定如下：

【民法第194條】

不法侵害他人致死者，被害人之父、母、子、女及配偶，雖非財產上之損害，亦得請求賠償相當之金額。

法院對於精神慰撫金的賠償金額，通常都是斟酌雙方當事人的身分、資力、加害程度，及其他各種情況來核定。雖然形式上有判斷之參考依據，但實務上仍然沒有統一、明確的具體規定。（請參照本書第91-93頁）

2. 胎兒可否請求？

其中，如果子女還在懷胎中，依據民法第7條規定：「胎兒以將來非死產者為限，關於其個人利益之保護，視為既已出生。」但是，慰撫金是填補心靈上的創痛，胎兒未來成長後，將面臨父或母離開人間的事實，自然也得以主張慰撫金。加害人不得以子女為胎兒或年幼，作為不予賠償或減低賠償的依據。

■ **最高法院66年台上字第2759號判例**

不法侵害他人致死者，被害人之子女得請求賠償相當數額之慰撫金，又胎兒以將來非死產者為限，關於其個人利益之保護，視為既已出生，民法第194條、第7條定有明文，慰撫金之數額如何始為相當，應酌量一切情形定之，但不得以子女為胎兒或年幼為不予賠償或減低賠償之依據。

● **人愈多，請求的金額愈多**

如果被害人是獨子，只有母親一人，又沒結婚，也沒有子女，假設被害人發生車禍身亡，只有母親可以請求慰撫金，例如1百萬的精神慰撫金。

但是，如果父母健在，發生白髮人送黑髮人，痛失愛子、頓失依靠，精神上自遭受莫大痛苦，則父母均可各自主張慰撫金，例如各80萬元的精神慰撫金，總計就是160萬元。（臺灣高等法院98年度上字第367號民事判決）

因此，如果上有高堂老母，下有嗷嗷待哺之幼子，還有配偶一人，則每個人精神上都有無限的痛苦，此種賠償金額就相當驚人，再加上扶養費用、殯葬費等賠償，恐怕金額都要上看上千萬元了。

實務案例

　　近來實務上判決之金額，依據受害情況及法院參酌之具體個案情況，分別以喪子、喪偶及喪母，例示三個案例如下：

類 型	受害情況	判決金額	備 註
喪子	被害人晚年喪子，身心受有痛苦，更因民、刑事訴訟奔波勞累，衡量雙方之身分、地位、經濟狀況等情。	200萬元	臺灣高等法院96年度上字 第676號民事判決
喪偶	被害人為家庭主婦，日治時期初中畢業，老年喪偶，所受精神打擊當屬匪輕；肇事者大學畢業，現從事淨水器維修工作，非無收入，本件肇事後，仍有不動產遭假扣押，顯非全無資力等一切情狀。	150萬元	臺灣高等法院96年度上字 第698號民事判決
喪母	原告畢業於日本文化女子短期大學服科，從事手工藝品製作及技傳授，現有位於臺北市房屋一棟、定期存款2百多萬元；被告為高中畢業，經營生意，年收入約60萬元，於臺北縣板橋市有房屋一棟等兩造之社會地位、經濟狀況，以及本件行車事故雖屬意外，但原告經被害人扶養成人，正待反哺報恩之際，驟失至親，精神上自受相當痛苦等情。	150萬元	臺灣高等法院96年度上字第19號民事判決

四 物之損害賠償

在物之損害賠償部分，最主要的問題就是有關汽、機車的賠償。賠償的方式包括主張回復原狀、物因毀損所減少之價值、修理費用，或同時主張修理費用及物因毀損所減少之價值，以及當修復無實益時，又該如何主張。最後，針對車輛不能使用之損失，該如何請求，以下均有詳細之介紹。

(一)主張回復原狀

物被毀損時，被害人除得依民法第196條請求賠償外，並不排除民法第213條至第215條之適用。（民國77年5月17日第九次民庭總會決議）所以，因為車禍之發生，肇事者負損害賠償責任者，除法律另有規定或契約另有訂定外，應回復他方損害發生前之原狀（民§213Ⅰ），此即「損害賠償為原則，金錢賠償為例外」之規定。

所以，被害人的車主可以請肇事者將車子修好，也可以指定修車廠(如原廠)進行維修。可是有時候肇事者會希望送到熟悉的保養廠，認為這樣子會比較便宜，往往因此產生很大的爭議。

受害者有時候等不及肇事者拖時間卻不修理，就自行送去車廠維修，還是可以請求支付回復原狀所必要的費用，以代回復原狀（民§213Ⅲ），其內容請參照「(三)主張維修費用」（第101頁）。如經被害人定相當期限催告後，肇事人逾期不為回復時，被害人得請求以金錢賠償其損害。（民§214）

物之損害賠償之主張

- ⑴回復原狀 → 民§213 I
- ⑵物因毀損所減少之價值 → 民§196
- ⑶修理費用 → 民§213 III
- ⑷同時主張修理費用及物因毀損所減少之價值
- ⑸修理無實益 → 民§215
- ⑹車輛不能使用之損失

【民法第196條】

不法毀損他人之物者,被害人得請求賠償其物因毀損所減少之價額。

【民法第213條】

I 負損害賠償責任者,除法律另有規定或契約另有訂定外,應回復他方損害發生前之原狀。

II 因回復原狀而應給付金錢者,自損害發生時起,加給利息。

III 第1項情形,債權人得請求支付回復原狀所必要之費用,以代回復原狀。

【民法第214條】

應回復原狀者,如經債權人定相當期限催告後,逾期不為回復時,債權人得請求以金錢賠償其損害。

【民法第215條】

不能回復原狀或回復顯有重大困難者,應以金錢賠償其損害。

⑤主張物因毀損所減少之價值

較為常見者為汽、機車之車體損害，另外腳踏車所發生的事故也頗為常見，其餘則包括車上或隨身物品（如珠寶、手機）之損害，都是屬於財物損害之範圍。

以車輛損害為討論中心，依據民法第196條規定：「不法毀損他人之物者，被害人得請求賠償其物因毀損所減少之價額。」因此，受害人原則上可以主張因毀損所減少的價額。

例如，被害人之車輛價值為50萬元，發生車禍事故後，即便修理完畢，變成事故車，價值大減，經證明剩餘價值為35萬元，被害人可以主張減少價值的15萬元，其計算方式為

$$50 - 35 = 15（萬元）$$

或許有人會認為車子不是修好了，怎麼會發生車輛價值下跌的情況呢？

車子修好了，只是代表回復到接近原本車子狀況的程度，但是車子發生事故後，恐怕難以回復到原本的車況，所以事故車和泡水車一樣，在二手車市場中都是被拒絕往來的客體。所以事故車還是能跑，但是恐怕車體的強硬程度就差很多了。

三主張修理費用

被害人如果不主張減少的價額，至少可以主張修理費用，作為其物因毀損所減少之價額。（民國77年5月17日第九次民庭總會決議）

從拖吊費用、修理工資、保管費用，到零件更換費用均屬之。但是不要以為修多少錢，就可以拿到多少錢，若以新零件更換被損害的舊零件時，則有「折舊」之問題，應該要將零件折舊部分予以扣除。折舊的問題，也是最讓受害人詬病的部分，往往一計算折舊，幾乎損害賠償請求的金額，都被折舊折光了。

實務見解 **民法第 196 條之適用**

會議次別：最高法院 77 年度第 9 次民事庭會議決議（一）

決議日期：民國 77 年 05 月 17 日

決議要旨：

1. 物被毀損時，被害人除得依民法第196條請求賠償外，並不排除民法第213條至第215條之適用。

2. 依民法第196條請求賠償物被毀損所減少之價額，得以修復費用為估定之標準，但以必要者為限（例如：修理材料以新品換舊品，應予折舊）。

3. 被害人如能證明其物因毀損所減少之價額，超過必要之修復費用時，就其差額，仍得請求賠償。

● 如何折舊？

　　折舊的計算方法，常見者如「平均法」及「定率遞減法」。所謂平均法，即以固定資產成本減除殘價後之餘額，按固定資產耐用年數表規定之耐用年數平均分攤，計算每期折舊額。

$$\frac{\text{固定資產成本 - 殘價}}{\text{耐用年數}} = \text{每期折舊額}$$

　　也可以採定率遞減法，參考行政院所頒「固定資產耐用年數表」（參見附錄A），以及行政院臺（45）財字第4180號令發布之「固定資產折舊率表」。如汽車每年折舊369/1000，經折舊後之金額若已低於成本1/10，應依成本1/10計算。

● 撞窮人的車比較划算？

　　志明的11年老車遭春嬌過失撞毀，志明請求主張修車的零件費用3萬元，法官依據定率遞減法，判決認為春嬌只需要負擔1/10，也就是只需要賠償3000元。

$$30{,}000 \times 1/10 = 3{,}000\text{元}$$

　　如此一來，志明扣除車禍鑑定費用3000餘元，還必須要倒賠幾百元，此種車禍賠償機制並不恰當，似乎只要撞到比較老舊的車子，只需要判賠1/10的零件費用。

實務見解

狀況一：汽車未逾5年：例如已使用2年2月（耐用年數5年）。
若修理零件費用為550,000元。

折舊計算	第一年的折舊	$550,000 \times 0.369 = 202,950$元
	第二年的折舊	$(550,000 - 202,950) \times 0.369 = 128,061$元 必須先將原車價扣除第一年的折舊金額，即為第二年的車價，再計算第二年的折舊
	第三年的二個月折舊	$(550,000 - 202,950 - 128,061) = 218,989$ $218,989 \times 0.369 \times 2/12 = 13,468$元 必須先將原車價扣除第一、二年的折舊金額，即為第三年的車價，再計算第三年的2個月的折舊
	合計折舊	$202,950 + 128,061 + 13,468 = 344,479$元
得主張的零件費用	$550,000 - 344,479 = 205,521$元	
資料來源	臺灣高等法院96年度保險上易字第32號民事判決	

狀況二：汽車逾5年：例如已使用7年，超過耐用年數5年。若修理零件費用為52,000元。

折舊計算	$52,000 \times 1/10 = 5,200$元
得主張的零件費用	5,200元
資料來源	臺灣高等法院96年度保險上易字第21號民事判決

狀況三：機車未逾3年：例如僅使用1年2個月，未逾耐用年數3
年。依據定率遞減法，機車每年折舊率爲0.536，若修
理零件費用爲38,000元。

折舊計算	第一年的折舊	38,000×0.536＝20,368
	第二年的二個月折舊	（38,000－20,368）×0.536×2/12＝1,575 必須先將原車價扣除第一年的折舊金額，即為第二年的車價，再計算第二年的折舊
	合計折舊	20,368＋1,575＝21,943
得主張的零件費用	38,000－21,943＝16,057元	

狀況四：機車逾3年：例如已使用5年，超過耐用年數3年，若
修理零件費用爲12,000元。

折舊計算	12,000／（3＋1）＝3,000元
得主張的零件費用	3,000元
資料來源	臺灣高等法院95年度上字第1075號民事判決

本書見解 折舊，合理嗎？

　　如果車禍事故雙方的當事人沒有意見，法院對於修理費用，通常就是全額賠償。可是若肇事者對於修車的費用有意見而主張折舊，法院通常會採用折舊的方式，來決定最後應該有的賠償金額。

　　這種方式並不合理，因為有的舊車狀況依舊很好，要不是發生車禍，遭撞的舊車還可以長長久久地開，但是發生車禍事故之後，卻要花了好幾萬元的修理費，才可能回復到遭撞之前的狀況。更慘的情況，想要主張這好幾萬元的修理費，肇事者居然主張折舊，導致賠償金額可能因為車況太舊，實際金額可能才十分之一，根本就是處罰開舊車的民眾。

　　常見被害人主張無法找到相同年份但狀況良好的零件，不應該採用折舊的方式。可是法院往往無情地認為：新零件之使用期限較舊零件長，更換新零件後，無異使汽車之使用期限延長，且取得與車齡相符舊零件之難易程度。(臺北地方法院98簡上251)

　　所以，只要不主張回復原狀，而是請求金錢賠償就會發生這種問題。奸詐的肇事者可能會拖延修車的時間，讓肇事者自行修車而主張金錢賠償，不主張回復原狀，就可以少給付一些賠償費用。更誇張的是，這種制度的另一種層面，也就是宣告本來零件已經很老舊的舊車，因為被撞而可以更換新車，可以說是另外一種「獲利」。這實在是一種糟糕的賠償制度，根本就是懲罰被害人。

㈣同時主張修理費用及物因毀損所減少之價值

事故車、泡水車，是兩種一定不能買的車子。所以，如果車子發生事故，即使修復好，仍然可能影響車子的價值。例如A車現有價值50萬元，經碰撞後，中古車市場價值剩下40萬元，修理費15萬。肇事者給付了修理費15萬元，受害人還是可以主張市場減少之價值10萬元，故肇事者應給付25萬元。

> **15（修理費）＋ 10（車輛減少之價值）＝ 25萬元**

若同時主張修理費用及減少的價值，則除了要提出修理費用之單據外，還要進行鑑定以提出鑑定證明書，證明車輛在修理前後，所產生價值之差額。

但是，實務上較少見到針對汽車價值減少所進行的鑑定，通常是針對修理費用進行鑑定，例如當車禍雙方當事人對於修理費有所爭執時，可以請法院函請臺灣區汽車修理工業同業公會開具鑑價表，讓法院據此作出判決。

以下茲舉一段法院判決內容，如下：

經本院函詢臺灣區汽車修理工業同業公會鑑定，系爭車輛之修復費用為52,470元（包含零件費用為24,670元、鈑金工資為17,600元、烤漆工資為10,200元），此有臺灣區汽車修理工業同業公會鑑價表在卷可佐……（臺北地方法院98簡上251）

㈤無修復之實益

如果車子已經達到無法修理的程度、修復有重大困難，例如整輛車攔腰撞斷，或修復的價金已超過車子遭撞時之價值，回復原狀亦無意義時，應以金踐賠償其損害。其法律依據如下：

【民法第215條】

不能回復原狀或回復顯有重大困難者，應以金錢賠償其損害。

換言之，被害人可以主張車子現況同等價值的價金。但是，一般車子還是有殘值，例如廢車回收商可能會以6千到1萬元不等的價格回收車子。此時，必須要減去殘餘價值，才是最後主張的損害賠償金額。

無修復效益之損害賠償金額＝同等車之價金－殘餘價值

(六)車輛不能使用之損失

車輛不能使用之損失,常見者包括另行租車,或無法營業之損失。

例如計程車司機,其車輛是其主要營收之來源,車輛遭受毀損而無法營業時,通常導致無法營業的結果,此種損失也是屬於所失利益的一種。依據民法第216條第1項規定:「損害賠償,除法律另有規定或契約另有訂定外,應以填補債權人所受損害及所失利益為限。」計程車司機或其他以車輛為營業謀生工具者,當然可以主張之。其損害賠償的項目如右頁表:

例如某實務判決,即依據計程車駕駛員職業工會,計算被害人主張工作損失是否合理,內容略以:

臺北市計程車每日營業收入,依臺北市稅捐稽徵處核定,排氣量不超過2000cc者為38,630元,每月以26日計,每日營業收入為1,486元。排氣量2000cc以上者為39,350元,每月以26日計,每日營業收入為1,514元,並自90年1月1日起實施,此有臺北市計程車駕駛員職業工會94年11月28日94北市計字第×××××號函可稽,故被害人主張每月平均收入為3萬元,應屬可採。

車輛不能使用之常見損失表

項 目	說 明
另行租車費用	租車費用可以向肇事者求償。 開始租車之日起,如有營運的收入,不得主張營運損失。
未租車之營運損失	受害人可以依據上一年度之綜合所得稅結算申報書,據以計算每日收入,與不能營運之日數相乘,以計算不能營運之損失。 也可以請汽車駕駛員職業工會等單位出具證明,與不能營運之日數相乘,以計算不能營運之損失。相乘的結果還要扣除掉油料成本,才是得以主張之賠償金額。
其他替代交通費用	例如改搭乘高鐵、計程車、火車上下班,高鐵費用即為替代交通費用。如屬必要,且可證明是因為車禍所導致之費用,仍可以向加害者主張。

註:如果計程車駕駛正常營運時,賺3,000元,扣除油料成本500元,淨賺2,500元。所以當肇事者賠償3,000元時,由於沒有實際營運,所以也就沒有花費油料成本500元(所受利益),還要扣除掉500元,所以實際上肇事者只要賠償2,500元。其法律規定為民法第216-1條:「基於同一原因事實受有損害並受有利益者,其請求之賠償金額,應扣除所受之利益。」

五 過失相抵

與有過失，過失相抵

Q：如果受害者也有過失的情況下，肇事者可否主張加害者也要負擔一定之賠償責任呢？

【民法第217條第1項】

損害之發生或擴大，被害人與有過失者，法院得減輕賠償金額，或免除之。

A：答案是肯定的。

換言之，我有過失，你也有過失，責任就不能通通由我來負擔，你也要負擔一部分之過失。所以，前面提到賠償金額之計算，無論是財產上或非財產上的損害賠償，到最後都要乘以一定之過失比例，才是最後的賠償金額。

例如，闖黃燈的摩托車騎士甲，直行遇上反方向違規左轉的摩托車騎士乙，兩輛摩托車發生擦撞，雙方騎士均受傷，因為兩方均有過失，就必須依據各自之過失比例負擔賠償責任。

假設騎士甲的高級重型機車摔壞，賠償金額100萬元，本來另外一位騎士乙要全額賠償，但法院發現騎士甲超速行駛，也要負擔30%的責任，所以騎士乙對於騎士甲的重型機車毀損，所造成100萬元的損害，只要負擔70萬元的賠償責任。

　　只要與有過失，就可以主張過失相抵。以下舉個案例，讓讀者瞭解一下過失相抵的概念：

　　甲車與乙車發生交通事故，甲車的過失比例是70%，損失50萬元；乙車的過失比例是30%，損失10萬元。談判的過程中，可參考下列計算方式主張自己的權利：

　　甲車的損失，乙車應負擔15萬元（50×30%）；乙車的損失，甲車應負擔7萬元（10×70%）。

　　所以，乙車的過失雖然較少，但還必須給付甲車8萬元（15－7＝8）。通常撞到名貴的車，即使自己過失較低，但形式上賠償金額卻較高。

　　所以，看到名貴的新車，就要避開遠遠的。

我國法庭有關決定賠償金額的過程，如何參酌過失相抵之規定，可參照如下圖：

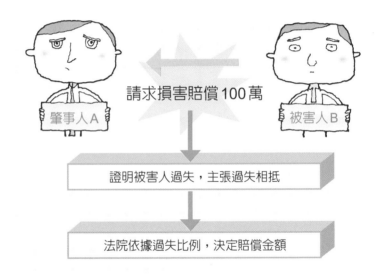

決定賠償金額的過程

請求損害賠償 100 萬

肇事人 A　　被害人 B

證明被害人過失，主張過失相抵

法院依據過失比例，決定賠償金額

肇事者A開車撞上B，當事人B請求A給付賠償金額，雙方皆有過失。經法院認定當事人B之損害賠償金額為100萬元，但是因為B也有20%的過失，依據過失相抵之規定，20萬元之損害必須自行吸收。（100×20% = 20萬元）

因此，A只要給付B共計80萬元之損害賠償。

第三章

汽機車保險

1 汽機車保險的基本知識

■ 強制第三人責任險

(一)無過失主義

車禍受害人受傷或致死後，常常因為加害人無力負擔高額的賠償金，使得受害人及其家屬經濟陷入困境，例如受害人受傷後變成植物人，不但沒辦法工作賺取收入，家庭經濟也都要因此而拖累。

為使汽車交通事故所致傷害或死亡之受害人，迅速獲得基本保障，並維護道路交通安全，我國特別制定「強制汽車責任保險法」。因汽車交通事故致受害人傷害或死亡者，不論加害人有無過失，請求權人得依本法規定向保險人請求保險給付，或向財團法人汽車交通事故特別補償基金請求補償。

因為被害人有權利直接請求保險公司付錢，加害人（投保人）也可以因為有保險公司的理賠，降低自己應該有的責任。

例如甲撞傷乙，應該賠償乙60萬元，保險公司可以賠給乙50萬元，則乙至少可以拿到50萬元，不會因為甲沒錢，而什麼都沒有。甲也可以因為強制保險的保障，少付50萬元，只需籌措10萬元。

請求權人

傷害事件

被害者

因汽車交通事故遭致傷害者，為受害人本人。

死亡事件

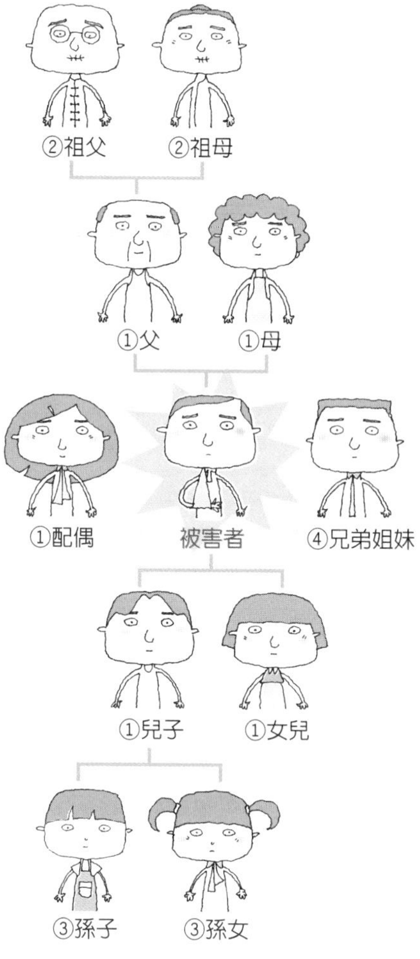

②祖父　②祖母

①父　①母

①配偶　　被害者　　④兄弟姐妹

①兒子　①女兒

③孫子　③孫女

因汽車交通事故死亡者，請求保險給付或補償者，順序如下：
一、父母、子女及配偶
二、祖父母
三、孫子女
四、兄弟姐妹（如右圖）
　　無前四種之請求權人，為其支出殯葬費之人於殯葬費數額範圍內，得向保險人請求給付或向特別補償基金請求補償。
（強制汽車責任保險法第11條Ⅰ、Ⅲ）

(二)採限額主義

　　強制第三人責任險之保險給付有上限，身體傷害的情況，必須具備必要性及合理性之實際醫療費用，且每一人每一事故之傷害醫療費用給付總額，以新臺幣20萬元為限。

　　如果是導致身體殘廢，也就是受害人因汽車交通事故致身體傷害，經治療後症狀固定，再行治療仍不能期待治療效果，並經合格醫師診斷為永久不能復原之狀態；或經治療1年以上尚未痊癒，並經合格醫師診斷為永不能復原之狀態。

　　殘障程度分成十五個等級，依據等級之不同，得請求給付5萬元至200萬元不等之金額。死亡的情況，為每一人新臺幣200萬元。（請參考右頁表格，或請參照強制汽車責任保險給付標準，第289-291頁）

(三)賠償的範圍

　　強制第三人責任保險的範圍，僅限於傷害、殘障以及死亡的情況。至於人的部分，包括加害人汽車外之第三人及車上乘客，都是賠償範圍，但是不包括自己本身。

【強制汽車責任保險法第10條第2項規定】

本法所稱受害人，指因汽車交通事故遭致傷害或死亡之人。

強制汽車責任保險之給付金額

類 型		金 額
傷害		每一人每一事故，最高20萬元
殘障	第一等級	200萬元
	第二等級	167萬元
	第三等級	140萬元
	第四等級	123萬元
	第五等級	107萬元
	第六等級	90萬元
	第七等級	73萬元
	第八等級	60萬元
	第九等級	47萬元
	第十等級	37萬元
	第十一等級	27萬元
	第十二等級	17萬元
	第十三等級	10萬元
	第十四等級	7萬元
	第十五等級	5萬元
死 亡		每一人，200萬元

但實務上仍常見許許多多的問題，導致賠償糾紛的發生，茲說明如下：

Q：如果投保人自己發生車禍而受傷，可不可以請求保險公司賠償？

A：例如自己騎機車騎到水溝裡，或撞傷他人，自己也有受傷。這些情況，許多當事人都會誤以為可以向保險公司求償，實際上這種觀念是錯誤的。原因在於強制第三人責任險是「責任保險」，主要是降低自己的責任，不是保障自己的傷害，所以不可以請求之。

實務案例　斜坡下滑撞死自己案

某甲將車子停在斜坡，下車後，因忘記將手煞車拉起，汽車遂往下坡滑動，某甲一時情急，竟在車子後方，意圖用一己之力阻擋車子下滑，不幸被汽車壓在牆壁上身亡。家屬誤以為有投保強制第三人責任險，某甲已經離開車輛，應該屬於第三人，而得以請求損害賠償，但是遭保險公司拒絕。

Q：如果投保人酒醉駕車或無照駕駛，保險公司還需要賠償嗎？

A：基本上，強制第三人責任險是保障受害人，投保人如果酒醉駕車或無照駕駛，保險公司還是要賠償給受害人。只是保險公司給付金額後，可以對該酒駕或無照駕駛者行使代位請求權。

【強制汽車責任保險法第29條規定】

I 被保險人有下列情事之一，致被保險汽車發生汽車交通事故者，保險人仍應依本法規定負保險給付之責。但得在給付金額範圍內，代位行使請求權人對被保險人之請求權：

一、飲用酒類或其他類似物後駕駛汽車，其吐氣或血液中所含酒精濃度超過道路交通管理法規規定之標準。

二、駕駛汽車，經測試檢定有吸食毒品、迷幻藥、麻醉藥品或其他相類似管制藥品。

三、故意行為所致。

四、從事犯罪行為或逃避合法拘捕。

五、違反道路交通管理處罰條例第21條或第21-1條規定而駕車。

II 前項保險人之代位權，自保險人為保險給付之日起，2年間不行使而消滅。

上述第1項第1款「飲用酒類或其他類似物後駕駛汽車，其吐氣或血液中所含酒精濃度超過道路交通管理法規規定之標準」，即所謂的酒醉駕車；同項第5款「違反道路交通管理處罰條例第21條或第21-1規定而駕車」，則是所謂的無照駕駛等情況。

實務案例 洪姓藝人酒醉駕車案

例如洪姓藝人酒駕事件，因為洪姓藝人酒醉駕車，導致一名婦人死亡，保險公司必須賠償婦人150萬元。保險公司給付賠償金後，原本屬於被害人或其家屬的賠償請求權，則轉由保險公司代位向洪姓藝人求償。

Q：不知道被誰撞，可不可以向自己投保（強制第三人責任險）的保險公司求償？

A：如果開車被撞而受傷，但不知道被誰撞，也不能向自己投保的保險公司求償。因為，強制第三人責任保險是責任險，降低自己面臨的責任，而非保障自己因傷害而導致的損失。

（參考臺北地方法院95年度保險字第6號）

Q：既然不能向自己投保的保險公司求償，那該怎麼辦呢？

A：實務上發生過一起令人心酸的故事，一位81歲的老翁行走在馬路上，遭不明人士撞傷，已昏迷多日，不知何時才能甦醒。靠著老翁照顧的配偶，則是一位殘障人士，兩老感情相當好，生活上均互相扶持。尤其是這位老婦人因行動不便，相當依賴這名遭不明人士撞傷的老翁，況且家境本來就不富裕，需要保險給付來支應醫療及生活費所需。

　　對於被不明第三人之車禍事故導致傷亡的被害人，還是可以透過強制第三人責任險的機制尋求賠償，是依據強制汽車責任保險法第40條規定，在相當於該法規定之保險金額範圍內，向財團法人汽車交通事故特別補償基金請求補償。

（參考臺北地方法院94年度保險字第102號）

Q：怎麼知道對方的保險公司是哪一家？

A：警方的「交通事故登記聯單」裡面有雙方車號，傳真給財團法人保險事業發展中心（電話：02-23972227），可以查詢對方的汽、機車有無投保強制第三人責任險。

【強制汽車責任保險法第40條第1項】

汽車交通事故發生時，請求權人因下列情事之一，未能依本法規定向保險人請求保險給付者，得於本法規定之保險金額範圍內，向特別補償基金請求補償：

一、事故汽車無法查究。

二、事故汽車為未保險汽車。

三、事故汽車係未經被保險人同意使用或管理之被保險汽車。

四、事故汽車全部或部分為無須訂立本保險契約之汽車。

Q：如果肇事者沒有投保第三人強制險，怎麼辦？

A：肇事者沒有投保，被害人沒有辦法向保險公司請求賠償金，但是仍可以向特別補償基金請求賠償。其規定如下：

【強制汽車責任保險法第40條第1項】

汽車交通事故發生時，請求權人因下列情事之一，未能依本法規定向保險人請求保險給付者，得於本法規定之保險金額範圍內，向特別補償基金請求補償：

一、事故汽車無法查究。

二、事故汽車為未保險汽車。

三、事故汽車係未經被保險人同意使用或管理之被保險汽車。

四、事故汽車全部或部分為無須訂立本保險契約之汽車。

通常沒有投保的原因都是因為繳不出保費，尤其是機車沒投保的情況更形嚴重，機車駕駛人期盼著今年不要出事，只是天不從人願，有時候出事的往往就是那些沒有繳保險費的駕駛人。所以，被害人只好向特別補償基金請求賠償囉！

　　特別補償基金賠償後，得代位行使對於損害賠償義務人之請求權。簡單來說，特別補償基金先拿錢賠償受害人，再以受害人的地位，向肇事者請求賠償。

實務案例　**機車未保強制險案**

　　阿花收入很少，為了省錢，連強制第三人責任險的錢也捨不得花。某日，騎車不小心，將過馬路的老伯伯撞傷，牙齒並需要植牙，費用大約10萬。老伯伯眼看阿花阮囊羞澀，也只向她要求植牙的費用，還提醒阿花申請第三人強制責任險的醫療給付即可。窮困的阿花為了省下每年700、800元左右的保險費，卻承擔了高額的風險，實在是不划算。

Q：如果是造成乘客受傷，乘客可否請求賠償？

A：可。參考下列法條：

【強制汽車責任保險法第13條】

　　本法所稱汽車交通事故，指使用或管理汽車致乘客或車外第三人傷害或死亡之事故。

實務見解　**財團法人汽車交通事故特別補償基金**

　　如果發生車禍，許多問題都和「財團法人汽車交通事故特別補償基金」(以下簡稱「補償基金」)有關係，可以上網查看一下相關資料，如「常見問題」可以提供許多解答，首頁中也有申請補償基金的須知與流程、申請表格下載，提供發生車禍的讀者所需資料。

財團法人汽車交通事故特別補償基金

網址：http://www.mvacf.org.tw/

地址：臺北市110信義路五段150巷2號18樓

電話：02-8789-8897

傳真：02-8789-6061

免付費電話：0800-565-678

　　特別補償基金捐助章程於民國（下同）86年12月1日奉財政部及交通部會銜發布；87年1月13日經財政部核准設立；87年2月6日向臺灣臺北地方法院登記處完成設立登記。93年7月1日行政院金融監督管理委員會（以下簡稱金管會）成立，特別補償基金之主管機關同時由財政部改隸金管會。

■ 任意險

(一)任意險的必要性

　　強制第三人責任險是政府強制要求一定要投保的，除此之外，許多駕駛人基於經濟因素上的考量，往往就不再保其他保險。換言之，許多民眾都只投保最低金額，但是這樣子的保險足夠嗎？

　　強制第三人責任保險雖然採取無過失主義，也就是無論加害人有無過失，受害人都可以請求損害賠償。但是，強制第三人責任保險只是提供最低的保障，往往無法滿足受害人的需求。

　　例如死亡車禍事故，受害人家屬請求500萬元的賠償，而強制第三人保險每人最高只有150萬元，則加害人還必須負擔350萬元的自負額。如果死亡人數更多，則加害人的負擔更重。因此，除了強制第三人責任保險，還必須要加保任意第三人責任險，才能達到更完整的保障。以筆者而言，除了強制第三人責任險之外，一定要加保任意第三人責任險，每個人保險額則是調高到1千萬元，其實增加的保費不多，與一般常見的400萬元，整體保費大概只多個2千元左右。相較於動輒2到5萬元的甲式、乙式，或車碰車的車損險，所保障的只是自己那台數十萬元，頂多上百萬元的車子，任意第三人責任險的成本效益可謂高許多。

　　目前法院判決，無論是造成死亡或傷害，損害賠償費用都逐漸提高，尤其是受傷情況嚴重，未來必須長期復健或植物人的狀況，高達上千萬元的賠償金更是常見。再加上如果受害者人數眾多，那累計起來的賠償金額更是天價。

　　每個人都應該建立<u>風險控管</u>的觀念，透過保險來降低意外災害對於人生的衝擊，就顯得格外重要。因此，除了強制第三人責任保險之外，任意險的部分，至少還要有500萬以上的保險，以避免事故發生時，將造成一生難以承擔的賠償責任。

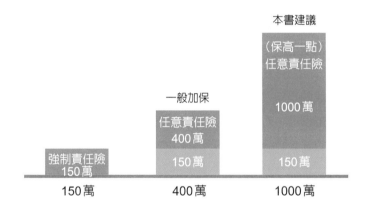

　　任意險每人保額1千萬，單一事故5千萬，比每人保額400萬，單一事故1千萬，保險費不會多1千元，只是許多保險公司不太願意賺這種蠅頭小利，卻要負擔極大的責任。因此，若要加大保險額度，記得主動向業務員表示要加保喔！

㈡任意險的種類

任意第三人責任保險，大致上可以分成上列四種較為常見：

人的部分，包括右圖①對人賠償保險，藉以補足強制第三人責任險金額不足的部分，另外也包括圖③乘客保險。這兩種保險也是最為重要，所涉及的潛在性賠償金額也是最高，本書有關這個部分的討論已經相當多了。不過，即便如此，沒有遭遇到實際狀況，體會到賠償時口袋不夠深的窘境，難以認知到這兩種保險的重要性。筆者許多朋友、同事，就算有高學歷的背景，支付這些保險費也是輕而易舉，卻還是不太清楚這兩種保險的重要性，往往還是誤以為有強制第三人責任險就夠了，頂多在多個甲式、乙式或車碰車的車體險，實在搞錯了是優先順序的方向。

對物的部分，如右圖②之對物賠償保險，指與他人車輛相撞所產生的賠償責任，強制第三人責任保險並不包括這個部分；這個部分也很重要，很多人有這個習慣，車子發生擦撞後，即使對方倒地不起，下車的第一件事情就是先查看自己車子擦撞的情況，尤其是男性更為明顯，或許這也驗證了一句話「車子是男人的第二個老婆」。所以，甲式、乙式或車碰車，都是保自己的車，卻不願意花個幾百、幾千元，保對於第三人車損的賠償責任，導致發生了自己過失的車禍事件，有義務要賠償對方的車損，才發現每年繳了好幾萬元的保險費，居然沒保到這一塊。另外，還包括如右圖④之自損事故保險，常見者如甲式、乙式、車碰車等保險。

1 對人賠償保險

2 對物賠償保險

3 乘客保險

4 自損事故保險

(三)自負額的概念

　　所謂自負額,是指保險事故發生時,由投保人負擔一定的比例,通常車體險及失竊險會有自負額的比例,車主為了節省保費,可能選擇吸收小額損失,保險公司方面則可以降低小額賠償之請求,故自負額愈高,保費愈便宜。另外,自負額的保險機制,也可以加強車主開車時的警覺性,及降低道德上的風險。

　　當然,也有免自負額的選擇,但相對而言,保費也較高,車主可以考量自身的開車習慣,以及風險上的評估,選擇是否要採用自負額的保險機制;選擇自負額者,也可以進一步考慮自負額的比例。

2 保險賠償金請求之程序

■ 車上該準備的保險資料

車禍事故發生突然，為避免一時驚慌失措，導致自身權益受損，平時就應該將相關物品準備好，切莫事發突然，找不到該有的資料。

(一)車上應該準備哪些基本保險資料呢？

① 保險證：瞭解你所投保的保險公司理賠0800專線，以及保險的內容。

② 保險業務員名片：如果是透過保險業務員投保，通常會提供保險業務員的名片，緊急事件時，可以撥打行動電話與之聯絡。

③ 道路救援服務專線：投保的車險公司通常會提供免費的拖吊服務，即使沒有提供拖吊服務，透過保險公司所提供的拖吊服務，也比較不會遇到敲詐的情況。有些免費服務的次數只有一次，但應該不太會發生單日二次的保險事件吧！

④ 注意事項：大多數的保險公司都會提供類似「汽車出險時應注意事項」，提供投保人參考。投保人可以將該份資料放置在車上，作為出險時的依據，第131頁提供富邦產險的注意事項。

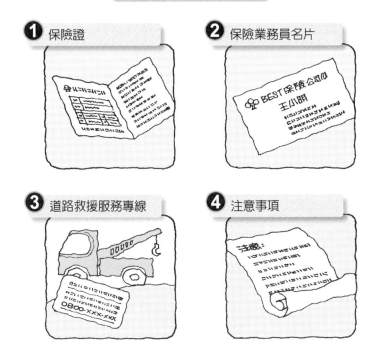

(二)其他必備物品

　　除了上述基本的保險資料，別忘了車上還要放粉筆、照相機，這樣子才能適時地蒐集相關事證，以避免警方蒐證的結果並不完全，而影響了自身的權益。筆者自身還安裝了行車紀錄器，目前有些行車紀錄器很便宜，幾千元就有，但如果要錄影的效果較好，建議可以購買「目擊者行車紀錄器」，例如到底是誰闖紅燈，有了行車紀錄器的輔助，也不會再扯不清了。

▣ 保險理賠之應注意事項

保險理賠之情況非常多種，包括人員的傷亡、車輛的損毀、失竊等，一般被保險人通常不瞭解該如何辦理保險理賠的事由，在突發狀況發生下，往往手忙腳亂，導致事後理賠不順利，甚至於產生不必要的保險理賠糾紛，而需要上法院解決。針對車禍事故，以下提供幾點注意事項，提供讀者參考：

㈠維持現場完整

1. 現場完整是判斷責任的重要參考依據，如果現場遭到破壞，事後的賠償可能產生諸多爭議。
2. 向當地警方報案，並通知保險公司派員到場協助處理。

㈡理賠申請書所需資料儘量完整

1. 不同的車禍狀況，所需要的理賠申請資料並不相同。例如重大事故相較於輕微事故，所需要的相關事證就必須要比較完整，保險公司才比較不會刁難。
2. 蒐集相關事證時，事先可詢問保險業務員應注意事項，以維護自身權益。
3. 有些理賠程序，需要估價單、和解書、醫療單據、判決書、肇事鑑定書、其他收據、事故現場照片等事證應妥善保存。
4. 有些和解或調解之洽談，保險公司會要求到場參與，否則理賠將發生困難。

富邦產險

■ 汽車出險時應注意事項

1. 請於出險時起5日內攜帶保險單、行照、駕照、被保險人印鑑，前來本公司填具書面申請書，完成理賠申請手續。
2. 汽車停放被不明車撞損或發生意外事故時，除通知本公司或當地分支機構外，並請保留現場立即報請當地憲警單位或交通隊（110）處理。
3. 意外事故發生時，除自願負擔損失外，請勿私下與對方和解，以免喪失保險利益請求權。
4. 汽車或其零件失竊時，請立即向當地警察單位報案，並取得報案證明。
5. 如遇被撞而對方逃逸時，請記下對方車牌照號碼、顏色及車種，立即向當地警察單位報案。

24小時電話報案服務：
0800-009888

■ 你該怎麼做？

如果需要出險，則立即打電話請警方到場處理，同時也要求保險公司到現場協助處理。

有一則廣告，強調某家保險業者能在半個小時內到場處理，確實很吸引人。但是實際上是否能像廣告一樣那麼迅速，恐怕是一個問題！

建議可以向熟悉的保險業務員投保，至少在現場處理人員未到場之前，還可以詢問自己的保險業務員，瞭解該如何維持車禍現場、如何蒐證等基本動作，以維護自身的權益。

保險公司的介入，是福？還是禍？

通常加害人會全權委託保險公司出面洽談賠償金額，但是基於保險公司的立場，賠償金額當然是愈低愈好，所以實際上與受害人的立場並不一致，導致肇事雙方當事人提出的金額差距過大，談判無法談成。

保險公司的立場是<u>以自己的公司利益為基礎</u>，並不是站在加害人的立場。因此，談判無法達成的結果，倒楣的不會是保險公司，而是加害人。

為什麼會這樣呢？舉個例子：

志明撞傷了春嬌，也撞毀了春嬌的車子，雙方相約調解委員會進行調解，志明也同時請了保險公司代表阿毛到場。

春嬌希望志明賠償50萬元，否則將提出傷害告訴。

實際上志明可以接受的金額是40萬元，但因為全權交由保險公司的代表阿毛負責洽談，阿毛表示只能賠償20萬元，雙方差距過大，雖然春嬌願意降低為35萬元，但是阿毛一毛也不願意提高。所以，談判當然破裂，春嬌只好向志明提出過失傷害的刑事告訴，以及50萬元的民事賠償訴訟。

最後，法院不但判決志明6個月的有期徒刑（得易科罰金），也判准了40萬元的損害賠償金額。當然，保險公司在保險額度的範圍內，要賠償40萬元，但是志明卻因為保險公司的強硬態度，而必須面臨刑事責任，雖然得易科罰金，但每天以1,000元計算，也要繳納18萬元之罰金。

　　這種無奈的情況時常上演，似乎只要有保險公司在場，都不太容易達成和解。實際上都是觀念的錯誤所導致，因為車禍的談判當事人，主要是加害人與受害人雙方，而非保險公司，談判結果則由保險公司在保險額度內，並依據相關評判標準負責賠償。

　　所以，即使有保險公司在場，主導權還是應該在自己的手上，說不定保險公司的業務員還有不理賠獎金，也就是今年度若能賠少一點，只要不超過一定額度，就有「業績獎金」。所以，別以為保險公司是萬能的，刑事責任還是得自己面對承擔。

3 產險達人的衷心建議

　　車險，並不只是投保強制第三人責任險就足夠。保險金額是否足夠？保險內容與條款是否符合個人需求？保險公司的理賠服務是否迅速良好？保險業務員的專業度與熱忱度，都是消費者應該注意的重要因素。

　　以下提供一些注意事項，提供消費者投保時之參考：

- 詳閱保險商品的條款內容：目前大多數的保險公司都已經將保險商品條款內容上網，若不便上網，也可以請保險業務員提供或說明，收到保單一定要花時間瞭解其投保範圍並核對之。

- 保險金額不等於市價：保額是保險公司的理賠上限，並非保險事故發生後，就可以賠償保額的全部。例如汽車有折舊的問題，賠償的金額並非全部賠償，必須先計算折舊後，才是最後的賠償金額。

- 失竊免折舊險：在車險方面，建議可以加保失竊免折舊，以免車輛失竊辦理理賠時，還必須要扣除月份的折舊。

- 竊盜險不等於零件險：簡單來說若是車輛遭到移動，就是竊盜險的承保範圍；若是車輛沒有移動，則是零件險的承保範圍。

- 提高任意第三人責任險之額度：強制第三人責任險是不足夠的，建議加保任意第三人責任險，尤其是第三人的體傷，保額至少每人500萬元以上，以達到風險轉移之目的；任意第三人的財損保額建議，則為30～50萬元即可，一般情況均可獲得足夠的賠償。

- 注意交通事故第一時間之處理：發生車禍時，一定要尋求交通警察或撥打110請求協助處理，隨車攜帶防水臘筆定位、現場照相後移路邊或找目擊證人，以維護自身權益。
- 如他方因車禍受傷，不論誰對誰錯，應以和解為優先，以避免因為些許的過失，而需負擔刑事責任。
- 傷亡情況處理：若遇人員傷亡，應先撥打119，救人第一，儘量保持現場原狀，勿移動車輛，靜待警方到場處理。（注意要放反光三角板，避免追撞）
- 尋覓適合的保險公司：找一家好的產險公司、找對的保險業務員，協助規劃適合的保險內容。保險公司都有0800免付費理賠專線，可以請理賠人員到達現場協助處理。少數保險公司因人手不足，會委託道路救援公司到場處理，因專業性不足，將導致消費者權益受損。

產險達人：廖繼楨

電話：02-27067890 分機 8265
電子郵件：orson.liao@fubon.com
經歷：任職富邦產物保險 20 年

意外與明天，不知何者先至？
居安思危永保風險意識，才是平安之道。

●筆記●

第四章

交通事故之紛爭解決法

1 和解

　　和解，是當事人之間最常解決車禍事件的方式。

　　民法上的和解，指當事人約定，互相讓步，以終止爭執或防止爭執發生之契約。此種和解，並不需要透過法院或其他第三人，即可成立。一般當事人私底下的和解，通常就是民法上的和解。

【民法第736條】

　　稱和解者，謂當事人約定，互相讓步，以終止爭執或防止爭執發生之契約。

　　本章將針對各種不同的場景，介紹和解的類型，以及應注意事項。

車禍和解之常見形式

- 車禍現場和解
- 警所和解或其他形式之自行和解
- 訴訟上和解

━ 車禍現場和解

　　車禍現場和解，通常發生在雙方受害情況輕微，為了避免事後訴訟的麻煩，因此雙方決定以和解的方式收場。

　　例如：只有車輛的輕微擦傷，雙方當事人自行決定賠償金額，例如甲方賠償乙方，修車費用共計3,000元，或者是陪同赴醫療院所看診，由肇事者甲方給付醫療費用，其餘受害人乙方則不追究。

　　即使是簡單的和解，也最好寫下和解書，或有第三人在場參與，以避免事後的爭議。其次，給付相關費用後，應取得收據，以證明曾經支付相關費用。蓋因「舉證之所在，敗訴之所在」，沒有證據，在法庭上一切免談。

　　還有一點特別要注意，就是如果私下和解，除非自願負擔損失外，否則將會喪失保險利益請求的權利，保險公司將會拒絕理賠，故自行和解時，也要考量是否需要請保險業務員到場。

■ 警所和解或其他形式之自行和解

如果委請警方到場處理，警方通常會詢問雙方當事人有無意願進行和解。此時，如果受傷情況輕微，且確定無後續治療之問題，加上物之損害可以達成協議，在警局和解不失為一種方式。因為，在警局達成和解，感覺上至少比較具有公正性，也稍微有一些安全感。

有時候警方「力勸」和解或許是為了節省麻煩，因為只要當事人雙方達成和解，通常就不會有後續的傷害告訴等問題，對於承辦員警而言，當然是方便省事許多。但是，草率地達成和解，恐怕後續的爭議更多，也很難達到讓人滿意的和解條件。因此，在警方力勸和解的同時，還是要多從自身利益的角度下考量，再做出最適當的決定。

從車禍現場移往警所和解時，建議應該與熟悉車禍事件處理的專家聯繫，委請其到現場瞭解狀況，判斷是否適合當場和解。警局和解相較於前面所介紹的車禍現場和解，有較多的思考時間，可以考量是否決定馬上達成和解。

勸人以和為貴，當然是件好事情，在派出所處理車禍，身為人民保母的警察當然也會力主和解，只是有時候和解的方式與態度，對於當事人又是一種傷害。因為是否要決定和解，攸關當事人的權益，應給予被害人一個審慎思考的空間，而不是以各種威迫性的言詞，讓被害人害怕走上司法一途，導致自身的權益受損，處理車禍事件第一線的員警，這方面的訓練還可以再加強。

建議可考量右頁表列情況，再決定是否要在警局達成和解。

實際狀況	判斷參考
是否有後續的醫療問題？	若有，則暫不宜達成和解。
是否能立即確認財物損失金額？	若金額過大且無法立即確認，則待確認金額後再行和解為宜。
是否能立即取得賠償金額？	若不可以，則達成和解後，恐怕有無法履行之風險。
是否有傷亡之情況？	若有，肇事者之一方應力求和解，以求他方撤回告訴，作為爭取緩起訴或量刑之參考。

實務案例　提出告訴這麼困難嗎？

　　本文特別強調警方會「力勸」和解，說穿了也就是怕麻煩、吃案，曾經遇過發生在臺北市和平東路的一起車禍事件，警方想盡辦法、用盡各種說詞，希望被害人不要提出告訴，說法包括「6個月之內都還可以提出告訴，回去多想想」、「沒有驗傷單，不能提出告訴」，甚至連「現在警方製作筆錄的人力不夠」的說詞都出籠了。最後，在萬不得已的情況下，透過關係的協助才順利製作完成筆錄。

　　實際上，若碰到這種吃案的情況，也不必煩惱，透過網路報案，或打電話到該轄區分局督察組申訴無法報案，很快就能夠獲得解決。其實，警方不受理報案，對於當事人的權益很有影響，更可能提高惡質肇事者的囂張氣氛。像是前述案例中，肇事者無照駕駛，因自己的過失造成對方嚴重擦傷、摩托車毀損，卻還嗆聲，直到警方出現後才希望私下和解，但是警方不受理的態度，又讓其和解的條件大幅度降低。只能說少數不肖員警的吃案態度，實在是社會的亂源之一。

目 訴訟上和解

　　訴訟和解和一般民法規定的和解並不一樣，是指當事人在訴訟過程中，就雙方的主張互相讓步，達成合意，並將結果向法院陳報的訴訟行為。法院不問訴訟程度進行得如何，隨時可以嘗試進行和解。

【民事訴訟法第377條第1項】

　　法院不問訴訟程度如何，得隨時試行和解。受命法官或受託法官亦得為之。

　　訴訟和解雖然不是法院的判決，但是其效力，與確定判決，有同一之效力。（民訴§380Ⅰ）

　　前述民法上的一般和解，如果對方不履行，充其量只是一種書證。和解內容，能證明當事人之間曾經發生過的事情，並沒有與確定判決一樣的效力，如果要有執行力，還是必須經過訴訟的程序，經過判決確定後，才能作為強制執行的執行名義。（如右頁圖）

　　一般民眾認為法官具有威嚴，所以對於法官嘗試和解的努力，通常都會認為應該是公平的，也因此如果法官介入和解，對於一直無法突破僵局的雙方，將可能達成和解的機會。

　　從法官的立場來觀察，當然也是很希望達成和解，至少這件案子很快就能夠解決，不需要寫冗長的判決書，將寶貴的時間與精力用在其他的案件上。所以，若能以合理的條件，透過法官的介入和解，對於雙方當事人與法官，可以說是三贏的局面。

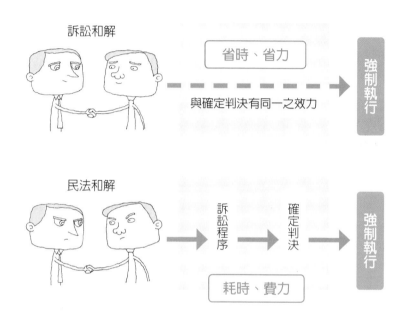

訴訟和解與民法和解之差異

訴訟和解

省時、省力

與確定判決有同一之效力

強制執行

民法和解

訴訟程序

確定判決

強制執行

耗時、費力

● 到處都有和解的機會

打官司是很辛苦的。所以，車禍糾紛的處理過程中，多會遇到許多尋求和解、調解的機會。從警察、檢察官到法官，都會努力地希望雙方和解，所以如果向鄉鎮調解委員會申請調解不成，也不要沮喪，因為還有很多機會可以和解。

經過不斷地「訴訟虐待」，原本打官司的熱情，也可能因為冗長的程序，以及未來不可預期結果的壓力，導致當事人對於是否要繼續打官司會有不同的看法，這也導致當事人間和解的機會大增。

● 怎麼寫和解書？

　　訴訟上和解因為有法官會介入處理，所以和解書的內容，並不需要煩惱該怎麼寫，只要最後看清楚內容，確認無訛後再簽名蓋章即可。

　　可是若非訴訟上和解，則必須自己寫和解書，如果不具有法律背景的專業知識，很擔心是否會碰到什麼陷阱。一般來說除了寫下雙方的基本資料，寫清楚賠償的內容，主要有下列兩個重點：

一、第一個重點，如果被害人業已提出刑事告訴，尚未收到和解金額時，不要先撤回告訴，待收到錢或其他給付之後，再辦理撤回訴訟之程序。因為撤回告訴之後，就不能再提出告訴，有些肇事者等到被害人撤回告訴，和解金額就百般拖延，造成被害人的困擾。所以，在和解書中，收到和解金額或其他類型的賠償，是作為同意撤回訴訟之「停止條件」，也就是同意撤回訴訟才成立生效。

二、第二個重點，在於如果當事人違約，則必須給付懲罰性賠償金，以確保和解書之內容能履行。

三、第三個重點，若能經過公證程序，或改為經過調解委員會之調解，都可以直接作為強制執行之執行名義。

　　至於一般的和解，無論和解的地點是在哪裡，都必須自行撰寫和解書的內容，最好是由專業法律人士代擬，但是專業人士如律師寫一份和解書，固然用字遣詞較為精準，收費並不低廉，而且可能和解書的內容也不會太詳細。若在成本考量的前提下，可以參考下列格式，依據實際情況，撰寫一份適合自己的和解書。

和解書（僅供參考）

甲方：小黑（住所：○○○，身分證字號：○○○）

乙方：小白（住所：○○○，身分證字號：○○○）

　　乙方駕車不慎撞擊甲方所駕車輛，造成甲方身體之傷害及車輛之損害，經雙方協調後，同意依下列條款履行：

一、乙方應於民國（下同）○○年○○月○○日前，支付新臺幣（下同）○○萬元予甲方。

二、甲方於收到前述金額後，不追訴乙方之民、刑事責任，若已提出訴訟者，同意撤回相關訴訟。

三、乙方應依本和解書之約定履行，若有違反前述約定者，願給付○○萬元之懲罰性賠償金。

四、本和解書乙式貳份，甲乙雙方各執乙份為憑。

　　　　　　　　　　　　甲方：（簽名蓋章）

　　　　　　　　　　　　（填寫地址及身分證字號）

　　　　　　　　　　　　乙方：（簽名蓋章）

　　　　　　　　　　　　（填寫地址及身分證字號）

中　華　民　國　○　○　年　○　○　月　○　○　日

2 調解

■ 鄉鎮調解委員會之調解

調解委員會由地方上之素孚眾望，或熟諳法律之熱心人士所組成，免費為民眾調解關於民事及刑事上告訴乃論之糾紛案件，調解一經成立，經送管轄法院核定後，其效力等同法院判決。若一方不履行，他方可直接向法院聲請強制執行。

調解委員會的調解，不但省錢，而且少了訴訟上的衝突感，更重要的是其效力非常強大。

兩造住居所	管轄的調解委員會
相同的鄉、市、鎮	相同住居所的調解委員會
不在相同的鄉、市、鎮	民事事件由他造住、居所、營業所、事務所所在地之鄉、鎮、市調解委員會調解。刑事事件由他造住居所所在地，或犯罪地之鄉、鎮、市調解委員會調解。
兩造同意，並經接受聲請之鄉、鎮、市調解委員會同意者	得由該鄉、鎮、市調解委員會調解

【鄉鎮市調解條例第11條】

聲請調解，民事事件應得當事人之同意；告訴乃論之刑事事件應得被害人之同意，始得進行調解。

● 怎麼聲請調解？

原則上要以<u>書面聲請</u>，填好聲請書交給服務人員提出聲請即可。如果不會填寫，可以攜帶國民身分證、印章，以口頭陳述，由調解委員會的人員協助填寫。也可以由地方村里幹事代為填寫，再向調解委員會提出。（調解條例§10Ⅰ）

紛爭發生

調解申請

調解委員會

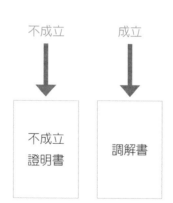

● 調解成立後，調解委員會製作調解書，送請管轄法院審核，法院准予核定後與法院確定判決生同等效力。（調解條例§27Ⅱ）

● 調解不成立，調解委員會依聲請發給不成立證明書。（調解條例§30Ⅰ）

● 若係告訴乃論之刑事事件，依被害人之聲請，移請地檢署偵查。

不成立　　　成立

不成立證明書

調解書

二 法院調解

　　因道路交通事故發生爭執者，依據民事訴訟法的規定，於民事官司起訴前，應該要先經過法院調解。

【民事訴訟法第403條第1項第7款】

　　下列事件，除有第406條第1項各款所定情形之一者外，於起訴前，應經法院調解：
七、因道路交通事故或醫療糾紛發生爭執者。

　　調解程序，由簡易庭法官行之。（民訴§406-1Ⅰ）調解時應本和平懇切之態度，對當事人兩造為適當之勸導，就調解事件酌擬平允方案，力謀雙方之和諧。（民訴§414）

(一)調解委員

　　調解由法官選任調解委員1人至3人先行調解，等到有成立之望或其他必要情形時，再報請法官到場。但兩造當事人合意或法官認為適當時，亦得直接由法官行之。（民訴§406-1Ⅱ）

　　當事人對於前項調解委員人選有異議或兩造合意選任其他適當之人者，法官得另行選任或依其合意選任之。（民訴§406-1Ⅲ）

　　調解委員行調解時，由調解委員指揮其程序，調解委員有2人以上時，由法官指定其中1人為主任調解委員指揮之。（民訴§407-1）

(二)調解期日到場

　　法官於必要時，得命當事人或法定代理人本人於調解期日到場；調解委員認有必要時，亦得報請法官行之。（民訴§408）當事人無正當理由不於調解期日到場者，法院得以裁定處新臺幣3,000元以下之罰鍰；其有代理人到場而本人無正當理由不從前條之命者亦同。（民訴§409Ⅰ）

　　調解程序於法院行之，於必要時，亦得於其他適當處所行之。調解委員於其他適當處所行調解者，應經法官之許可。調解，得不公開。（民訴§410）

(三)第三人之參與及專家意見

　　就調解事件有利害關係之第三人，經法官之許可，得參加調解程序；法官並得將事件通知之，命其參加。（民訴§412）例如保險公司，通常就是所謂有利害關係的第三人。保險契約條款中，通常會約定應通知保險公司派員到場。

　　行調解時，為審究事件關係及兩造爭議之所在，得聽取當事人、具有專門知識經驗或知悉事件始末之人或其他關係人之陳述，察看現場或調解標的物之狀況；於必要時，得由法官調查證據。（民訴§413）

　　例如可以尋求專業鑑識機構對於車禍發生原因的建議，也可以尋求目擊證人對於事發過程進行陳述，甚至於為了追求真實的發現，法官也可以調查證據。以上種種都是為了發現車禍的原因，釐清肇事的責任，讓法官能夠在訴訟過程中行使一定的權力，讓公平正義得以實現。

㈣調解之成立與否

調解經當事人合意而成立；調解成立者，與訴訟上和解有同一之效力。（民訴§416 I）換言之，也就是與確定判決，有同一之效力。

當事人兩造於期日到場而調解不成立者，法院得依一造當事人之聲請，按該事件應適用之訴訟程序，命即為訴訟之辯論，並視為調解之聲請人自聲請時已經起訴。（民訴§419 I II）當事人兩造或一造於期日不到場者，法官酌量情形，得視為調解不成立或另定調解期日。（民訴§420）

㈤調解之陳述或讓步，不得採為裁判之基礎

調解程序中，調解委員或法官所為之勸導及當事人所為之陳述或讓步，於調解不成立後之本案訴訟，不得採為裁判之基礎。（民訴§422）

調解過程中的一些陳述，可能會各退一步，也許對方證據不夠充足，勝訴的機會可能才35%，但提出告訴的意志堅決，而且還是有勝訴的機會，在調解過程中，我方也許因此予以讓步。但如果調解最後還是不成立，此種讓步或者是相關陳述，並不會因此作為法院判決的基礎。

否則，若能作為法院判決的基礎，當事人在調解過程中，礙於可能會影響日後判決，甚至於有當事人故意在調解過程中，透過一些引誘的策略，讓他造做出一些讓步或承諾，實際上是要讓他造在正式訴訟程序中招致不利的結果，這些都不是調解制度所希望產生的情形。所以，調解之陳述或讓步，當調解不成立時，也不能採為本案裁判的基礎。

訴訟　| 和解成立 | = | 調解成立 | = | 確定判決 |

　　　　民訴§380 I　　　民訴§416 I

㈥第一審訴訟繫屬中之調解

　　如果官司打到一半，突然身心俱疲，雙方可否再進行調解的程序呢？

　　可以。

　　第一審訴訟繫屬中，還是可以經由兩造當事人的合意，得將事件移付調解。（民訴§420-1 I）原本正在進行的訴訟程序則停止進行。如果雙方當事人調解成立，則訴訟終結；如果還是無法達成共識而調解不成立，訴訟程序繼續進行。（民訴§420-1 II）為了鼓勵當事人透過調解的程序解決爭端，此種情況，如果調解成立而訴訟終結，原告得於調解成立之日起3個月內聲請退還已繳裁判費三分之二。（民訴§420-1 III）

● 調解費用之轉換

　　調解不成立後起訴者，其調解程序之費用，應作為訴訟費用之一部；不起訴者，由聲請人負擔。（民訴§423 I）

三 和解、調解與保險

㈠直接請求權

很多人買了保險，契約卻連一次都沒有看過，以為只要有投保，保險公司都會給付和解調解所談的金額，這是一個錯誤的想法。

保險契約上通常會載明除了經法院判決確定外，訴訟上或訴訟外和解、鄉鎮市調解條例或消費者保護法之調解，經法院核定後，還必須保險公司「同意」。但這個同意的權利在於保險公司，如果保險公司不同意呢？

所以，前面有關直接請求權的契約約定，只剩下要等到法院判決確定，曠日廢時，讓本來可以簡單的一件事情，變得更加地麻煩。

㈡別忘了保險公司要派員到場！

保險契約中，通常還會約定保險公司的「參與」。

當保險事故發生的時候，對於車禍事件應負的責任所為的承認、和解或賠償，必須經過保險公司的參與，否則不受到承認、和解或賠償等約定的拘束。換言之，談好之後，保險公司不認帳、不理賠，因為沒有參與。

所以當車禍事故要談賠償金額的時候，就要通知保險公司派員到場。保險公司也不會不派員，因為契約會約定，保險公司如果沒有正當理由拒絕或遲延參與者，就必須受到當事人針對車禍賠償內容的拘束。

保險公司到場參與示意圖

■ 保險理賠的潛規則：不理賠獎金

　　很多人找不到適合的第三人協助和解調解，通常就會依賴保險公司的代表，但是請記得保險公司代表會考量到保險公司的利益，也就是會爭取能少賠就少賠。

　　假設合理的賠償金額是30萬元，該名代表說10萬要不要，不要就算了。這種金額與處理態度，通常會導致談判無法順利進展，所以保險公司代表通常是和解調解成功的最大阻礙。

　　筆者通常不太參加調解的程序，原因就是因為保險公司派了代表，幾乎是破壞整個談判順利進行的最大主因，也許是賠得愈不合理得少，還可以拿到「不理賠獎金」吧！（參照本書第三章「汽機車保險」第132-133頁）

3 訴訟

一 肇事責任鑑定

目前法院決定肇事責任的依據，除了法官的判斷之外，還會送請車輛行車事故鑑定委員會（下表簡稱車鑑會）進行專業的鑑定。

(一)全國車鑑會基本資料

單位名稱	地址	電話
臺北市交通事件裁決所	臺北市中正區羅斯福路4段92號7~8樓	(02)2365-8270
新北市交通事件裁決處	新北市板橋區中山路一段143號2樓	(02)8978-6101*510
桃園市車鑑會	桃園市桃園區介壽路416號5樓	(03)362-5782
交通部竹苗區車鑑會	新竹市自由路10號	(03)531-9312
臺中市車鑑會	臺中市西區自由路1段150號7樓	(04)2225-2068
交通部彰化區車鑑會	彰化縣花壇鄉中山路2段457號4樓	(04)786-4221
交通部南投區車鑑會	南投市光華路66-6號	(049)237-0040*9
交通部嘉雲區車鑑會	嘉義縣朴子市朴子七路29號	(05)362-3939*603
臺南市車鑑會	臺南市東區府連東路87號	(06)200-6969
交通部屏澎區車鑑會	高雄市鳳山區武營路361號	(07)761-2215
交通部基宜區車鑑會	宜蘭縣五結鄉中正路2段9號2樓	(03)965-1467
交通部花東區車鑑會	花蓮縣吉安鄉中正路2段152號	(03)853-4500
交通部金門區車鑑會	金門縣金湖鎮黃海路6-1號2樓	(08)233-4654
高雄市車鑑會	高雄市新興區中正三路25號7樓	(07)229-6800
高雄市車鑑覆議會	高雄市新興區中正三路25號17樓	(07)229-9825*611
交通部車鑑覆議會	南投縣南投市光明一路300號	(049)239-4806
交通部連江區車鑑會	連江縣南竿鄉津沙村155號	(08)362-2694

　　以下是臺北市車輛行車事故鑑定申請表（範例），其他各縣市鑑定機關之表格略有不同，可以逕向各單位索取。

臺北市車輛行車事故鑑定申請表					申請日期：	98.6.30
肇事時間	98年5月31日12時0分		肇事地點		和平東路及金山南路交叉口	
當事人姓名	王大年	性別	男	出生日期	70.5.8	身分證號碼	AXXXXXXXX
當事人通訊處（含地址、電話）		台北市延平北路108號　（02）2XXX-XXXX				
駕駛車種	自小客車	牌照號碼	XXX	是否領有駕駛執照		是
對方當事人姓名、電話		陳小明　0918-XXXXXX				

申請鑑定理由：（是否已進入司法訴訟程序（請打勾）……□是……□否）

　　王大年駕駛車號XXX-XXX之自小客車，於98年5月31日12時0分，行經和平東路及金山南號交叉口（東向西），遭陳小明駕駛之………
（請填寫事發經過）

注意事項：
一、當事人若僅不服警方違規告發，請逕向交通事件裁決所申訴。
二、受理鑑定要件為發生在臺北市轄區道路未逾六個月並經警（憲）處理有案之交通事故。
三、申請案件如預備提出司法訴訟或已在司法機關審理中，應經由管轄法院移送本會鑑定；如申請鑑定後本案再由司法機關受理，請電告本會暫緩鑑定。
四、郵政劃撥繳納鑑定費，每案新台幣3,020元，劃撥帳號：19000465，戶名：臺北市車輛行車事故鑑定委員會；除誤繳、無法受理或處理者外，不得要求退費。
五、當事人請檢附身分證（正反面）影本乙份、交通大隊事故肇事原因初步分析研判表，如為駕駛人，請再檢附駕駛執照（或告發單）影本乙份。
六、本會召開鑑定會議時，視必要得請當事人到會說明。
七、申請時請敘明確切之通訊處所地址，以供寄達鑑定意見書。
八、當事人如欲了解案件處理進度，請至本會網站「案件查詢」頁面查詢。
九、本會會址：臺北市信義區松德路300號2樓。電話：27599119。傳真：27599326。本會網址：http://www.taac.taipei.gov.tw

申請人　王大年　[王大年印]　　簽章

右側欄標示：填寫車禍事件車輛相關資料

右側欄標示：填寫申請鑑定之理由

(二)申請肇事鑑定之基本觀念

在決定實際賠償金額之前，若受害人與有過失，還要過失相抵。如何判斷有無過失比例，通常都必須要進行肇事鑑定。目前國內肇事鑑定，主要是由全國各地之車鑑會進行辦理，再由法院依據車鑑會之鑑定結果，決定過失的比例，最後再決定賠償的金額。

不過，從受害人的角度，並不急著要申請肇事鑑定，應該主張加害人100%的過失。畢竟申請鑑定費用還需要3020元左右（如前頁鑑定申請表注意事項四），若最後法院判決金額過低，恐怕連鑑定費用都還不夠支付。

另外，除了車鑑會的鑑定報告較為正式之外，還有一種也可以達到初步瞭解雙方過失責任比例的效果，即「事故肇事原因初步分析研判表」。這份研判表是由警方所製作的初步分析結果，在送請鑑定之際，也是一項重要的參考依據。（如前頁鑑定申請表注意事項五）

(三)申請鑑定人

鑑定委員會受理行車事故鑑定之申請要件，必須業經警察機關處理，並經行車事故當事人或其繼承人或法定代理人、車輛所有人申請，或經現場處理機關移送、司（軍）法機關囑託為限。

我是否該聲請鑑定，決定雙方責任比例後再行求償？

被害人

你可以主張對方要負擔100%的過失，對方不服，由對方提出鑑定之主張。

律　師

不接受鑑定之情況

1. 鑑定案件進入司（軍）法機關訴訟程序中，且非經各該機關囑託者。

2. 當事人申請或警（憲）機關移送之案件距肇事日期逾6個月以上。但因天災或其他不可歸責之事由而遲誤該期限者，不在此限。

3. 非屬道路交通管理處罰條例第3條第1款所指道路範圍之行車事故案件。

4. 已鑑定之行車事故案件。

(四)不服鑑定結果之救濟程序

為明確告知當事人申請覆議程序，鑑定意見書內都會載明下列文字：

「當事人對於鑑定委員會之鑑定有異議時，得於收受鑑定意見書之翌日起30日內敘明理由向該管車輛行車事故鑑定覆議委員會申請覆議，但以一次為限。其已進入司（軍）法程序者，應向審理該案之司(軍)法機關聲請轉送車輛行車事故鑑定覆議委員會覆議。」

當事人或其繼承人或其法定代理人、車輛所有人對於鑑定委員會所作鑑定意見有異議時，得向該委員會轄區內覆議委員會申請覆議，對於鑑定覆議不得再申請覆議。覆議案件其已進入司（軍）法程序者，應向審理該案之司（軍）法機關聲請轉送覆議委員會覆議。

（參照附錄 B「車輛行車事故鑑定及覆議作業辦法」）

(五)鑑定結果對於判決影響

法官進行判決時，只會參考鑑定結果，並不會完全依照鑑定的結果進行判決。例如下列敘述是不採納鑑定結果的判決：

「唯細繹該鑑定意見全文，其就上開車禍現場周遭是否仍存有其他足以容納整部自用小貨車停放之空間，而不致於占用該路段機車優先道，以避免機車優先道後方來車追撞之風險等因素，並未予以考量，是上開鑑定意見自難認臻於完備。」

最高法院認為如果法官認為鑑定意見不夠完備，因為事涉專業知識，且與當事人的利益有重大關係，自宜請原鑑定機關補充說明，或命增加人數或再選任、囑託他人繼續或另行鑑定，以期確實。

（參照最高法院96年度台上字第7035號刑事判決）

車禍鑑定流程

車禍當事人

車鑑會

鑑定
結果

作為訴訟
或其他程
序之參考

不服
↓
申請覆議

車鑑會鑑定結果

車鑑會的鑑定結果是專家
所為，如果沒有明顯錯
誤，我應該予以尊重。

法官

其他事證

判決結果
鑑定結果，對判
決有舉足輕重的
影響。

保全程序──假扣押

(一)什麼是假扣押？

設想親人發生車禍事件，對方雖然有錢賠償，但是因為賠償金額遲遲無法談妥。等到纏訟多年後，終於取得勝訴的確定判決，當以為正義得以聲張之際，進行強制執行程序時，才發現對方早已脫產殆盡。

為了避免當事人脫產，有必要將賠償義務人的財產進行暫時性的扣押，賠償義務人不得將被扣押的財產任意處分。因此，所謂假扣押，並不是將財產拍賣出售，而只是「暫時性」地處分財產。

對於此種脫產行為，刑法也有「損害債權罪」，來規範此種侵害債權人債權的行為。刑法第356條規定：「債務人於將受強制執行之際，意圖損害債權人之債權，而毀壞、處分或隱匿其財產者，處2年以下有期徒刑、拘役或500元以下罰金。」只是「將受強制執行之際」，係指債權人取得執行名義以後，強制執行程序未曾終結以前之期間而言。只是如果沒有假扣押，等到判決確定取得強制執行名義，當事人早已脫產的情況，並不會成立本條罪名。

(二)拘提管收

如果當事人惡意沒有財產，如顯有履行義務之可能故不履行、就應供強制執行之財產有隱匿或處分之情事，於調查執行標的物時，對於法官或書記官拒絕陳述等情況，執行法院都可以拘提，甚至於管收之。管收，有點兒類似羈押的情況，每次3個月，還可以延長一次，所以最多可以被關上6個月，對於一些惡意不履行的當事人，能發揮一定威嚇的效用。

保全程序——假扣押

假扣押聲請

- 撰寫假扣押聲請書
- 擔保金額

查詢財產

- 向戶政機關調閱戶籍資料
- 向國稅局查詢債務人之財產
- 向其他單位查詢

辦理提存與執行

- 先辦理提存
- 提出「假扣押強制執行聲請狀」

㈢假扣押聲請（如何撰寫假扣押聲請書？）

《民事假扣押聲請狀》

案號：　　　　　　　　　股別：

訴訟標的：

聲請人：○○○　　　　　　住居所：○○○

相對人：○○○　　　　　　住居所：○○○

為聲請假扣押事：

一、聲請人○○○願以現金或○○銀行○○分行無記名可轉讓定存單（※1）為擔保，請求裁定就相對人所有財產於新臺幣○○元之範圍內予以假扣押。

二、聲請程序費用由相對人負擔。

事實及理由：

一、相對人於民國（下同）○○年○月○日下午○時○分，駕駛車牌號碼○○之機車，途經和平東路與敦化南路交叉口時，超速闖越紅燈，撞上適逢聲請人之子○○○（證一）所駕駛車牌號碼○○之機車，當場死亡，有死亡證明書（證二）及道路交通事故現場圖（證三）可稽。（※2）

二、相對人肇事後即避不出面，顯有逃避應負責任之嫌，近聞相對人正將所有財產搬移隱匿，致日後有不能強制執行或甚難執行之虞。（※3）聲請人為保全強制執行，願提供擔保以代釋明，依民事訴訟法第522條規定，聲請 鈞院裁定如請求事項所示。

謹　　狀

臺灣○○地方法院 民事庭 公鑒

證物名稱及件數：

證一：戶籍謄本乙份。

證二：死亡證明書影本乙份。

證三：道路交通事故現場圖。

　　　　　　　　　　　　　　具狀人：○○○（簽名蓋章）

　　　　　　　　　　　　　　撰狀人：

中　華　民　國　　○　年　　○　月　　○　日

※1 可以領取定存單上所載的利息，相較於現金只是活存的利息，當
　　然是比較有利。
※2 寫下車禍發生的事實。
※3 寫下聲請假扣押的理由。

　　寫完上述書狀後，就可以拿到法院遞狀。如果沒有遞狀的經驗，
千萬別擔心，目前法院的服務都不錯，有服務台可以詢問，也有「訴
訟輔導」服務，提供初步的訴訟諮詢。

● 擔保金額大概是多少？

　　假扣押對於當事人的影響甚鉅，當然不能恣意為之，因此除了提
出能說服法官的理由之外，還要提出一定的擔保，通常都是以金錢作
為擔保。

　　對於假扣押的原因必須要說明清楚（釋明），如果說明不足，法
院可以要求相當的擔保，在提出擔保後，法院再准予假扣押。擔保
的金額通常是假扣押金額的三分之一，例如100萬元，擔保金大約是
33萬元。

　　聲請人要考量自身的「現金流量」，因為如果假扣押100萬元，
就必須提出約33萬元，這筆錢通常會提存很長一段時間無法運用。
所以也可以要求一部分的假扣押，例如只主張假扣押60萬元，那就
只需要提出20萬元的現金。

㈣查詢財產

假扣押要有扣押的標的。但是相對人有多少存款、多少房子，基於個人隱私，本來是不能隨意查詢。但是法院為假扣押裁定後，聲請人即可依據假扣押裁定，查詢債務人的財產狀況。

不過要查詢財產狀況前，若無債務人基本資料，須先向戶政機關調閱戶籍資料，再據以向國稅局查詢債務人之財產，如薪資帳戶、利息帳戶、土地……等。

不過國稅局查出來的資料，並不是最新的。想想看，每年5月報稅，也是報去年的稅，所以5、6月以後向國稅局查資料，才有可能查到去年的資料，如果是5、6月以前，恐怕只能查到前年的資料。

假扣押經法院裁定後，超過30日時，就不能聲請執行。因此，查詢資料也當然要在30天的期限內完成，否則也不能向國稅局查相對人的財產資料。

大多數的情況，當事人的財產恐怕難以查明，有些不法的管道可能存在於實際社會中，例如某些不法的討債集團、駭客可能有「管道」可以取得當事人比較正確的財產資料。但是，在此要特別提醒讀者，這些資料因為來源並非正當，不但不可以作為聲請強制執行的依據，更可能要觸犯法令的問題，若想要透過這些程序調查相關財產資料，仍然必須要三思而行。

(五)辦理提存與執行

聲請人須依假扣押裁定內容辦理提存，如法院要求提供擔保金33萬，就必須將33萬的現金或定存單等擔保品提交法院提存所，提存程序必須填寫「提存書」。

此種提存就是完成法院所要求的擔保動作，透過一定財產之提存，才能避免有些當事人濫行提出假扣押，影響被假扣押當事人之權利。

完成提存之際，可以拿著提存書以及假扣押強制執行聲請書，辦理假扣押強制執行的聲請。此種聲請的目的，也就是要求法院將他造當事人的財產加以凍結，例如凍結薪水的三分之一，或者是被告的銀行存款帳戶、名下土地不得加以移轉。

如果是土地，聲請人還必須要到土地、建築物的所在地點進行假扣押，如果是房屋則會張貼公告，如果是土地則會在土地上立牌，這些都是假扣押執行較為細節的部分。

　　接著，假扣押要再撰寫「假扣押強制執行聲請狀」，其範例如下：

《民事假扣押強制執行聲請狀》

案號：　　　　　　　　　　股別：
訴訟標的：
聲請人：○○○　　　　　　住居所：○○○
相對人：○○○　　　　　　住居所：○○○
為呈假扣押強制執行聲請事：

壹、
一、請准就相對人之所有財產於新臺幣貳百萬元整之範圍（※1）內予
　　以假扣押強制執行。
二、前開程序費用由相對人負擔。
貳、執行名義
臺灣○○地方法院○年度○字第○○號民事裁定正本。（※2）
參、事實及理由：
一、緣聲請人○○○為保全對相對人之債權，前曾向鈞院聲請對相對
　　人之財產假扣押，蒙　鈞院以○○年度○字第○○號民事裁定，
　　准許聲請人以裁定中所定之擔保金供擔保後，得對債務人之財產
　　以前開聲明之內容予以假扣押在案（見附件一），聲請人等已依
　　該裁定所示提存前開金額（見附件二）於鈞院提存所，並繳交執
　　行費完畢。（※3）
二、聲請人等爰以鈞院　○○年度裁○字第○○號民事裁定為執行名
　　義，依強制執行法第4條第1項第2款、第6條及第7條聲請強制
　　執行。
肆、可供假扣押之財產（※4）
一、薪資部分：任職於○○商業銀行○○分行（地址：○○）。（見附
　　件三）
二、銀行存款部分：○○商業銀行○○分行（地址：○○）。（同附件
　　三）
三、土地部分：經向財政部○○國稅局調閱相對人○年度財產歸屬資
　　料清單，○某持有下列土地，請准予為假扣押之標的（見附件
　　四）：

(一)○○縣○○鄉○○段○○地號（面積○○平方公尺）權利範圍
　　○○。
(二)○○縣○○鄉○○段○○地號（面積○○平方公尺）權利範圍
　　○○。

謹　　　狀
臺灣○○地方法院 民事執行處 公鑒
證物名稱及件數：

附件一：臺灣○○地方法院○○年度○字第○○號民事裁定。
附件二：提存書正本。
附件三：財政部○○國稅局調閱相對人○○年度綜合所得稅各類所得
　　　　資料清單影本。
附件四：財政部○○國稅局調閱相對人○○年度財產歸屬資料清單影
　　　　本乙份，○○縣○○鄉○○段○○地號及○○地號地號土地
　　　　登記第一類土地謄本正本乙份。

　　　　　　　　　　　　具狀人：○○○（簽名蓋章）
　　　　　　　　　　　　撰狀人：

中　華　民　國　○　年　○　月　○　日

※1 法院假扣押裁定中，會載明同意假扣押的金額，實際進行執行
　　時，可以在同意金額範圍內，決定假扣押的範圍。
※2 法院先前所核發的假扣押裁定。
※3 強調已經獲得法院同意假扣押，且也已經將擔保金提存。
※4 依據向國稅局查出的財產狀況，選擇所要假扣押強制執行的內
　　容。

● 我被假扣押了怎麼辦？

　　前面所提到的是如何假扣押，如果反過來是被別人聲請假扣押了，那該怎麼辦呢？

　　通常可經由下列方式解決：

1. 反擔保：簡單來說，債權人拿錢出來假扣押，債務人就是再拿出一筆錢供擔保或提存，只要可以確保債權人之權益，就可以免為或撤銷假扣押。（民訴§527）

2. 限期起訴：債務人可以向法院聲請，要求債權人於一定期間內起訴。（民訴§529Ⅰ）

　　以鴻海集團假扣押工商時報記者曠○琪財產事件，假扣押擔保金1千萬對於鴻海集團只是九牛一毛，當時拖了好幾個月都還沒起訴，這時候曠○琪就可以寫訴狀，要求鴻海集團限期起訴。

　　如果鴻海集團還是不起訴，依據民事訴訟法第529條第3項規定，債權人不於債務人所聲請一定期間內起訴者，債務人得聲請命假扣押之法院撤銷假扣押裁定。

被別人聲請假扣押，該怎麼辦呢？

《民事聲請限期起訴狀》

案號：　　　　　　　　股別：

訴訟標的：

聲請人即債務人：○○○　　住居所：○○○○○○（※1）

相對人即債權人：○○○　　住居所：○○○○○○

為聲請裁定命相對人於一定期間內起訴事：

相對人向貴院聲請假扣押聲請人的財產，經貴院以○○年度○字第○○○號裁定，將聲請人之財產在新臺幣○○○元之範圍內假扣押查封在案。但相對人尚未向法院提起本案訴訟，為此依民事訴訟法第529條規定（※2），聲請貴院裁定命其於一定期間內起訴。

謹　　狀

臺灣○○地方法院　公鑒

證物名稱及件數：

　　　　　　　　　　具狀人：○○○（簽名蓋章）

　　　　　　　　　　撰狀人：

中　華　民　國　　○　年　　○　月　　○　日

※1 限時起訴的聲請人為債務人。

※2 民事訴訟法第529條第1項規定：「本案尚未繫屬者，命假扣押之法院應依債務人聲請，命債權人於一定期間內起訴。」

📑 起訴程序

(一)撰寫訴狀

訴狀，是開始打官司的關鍵。一定要撰寫訴狀，法院才會開始受理案件，不能只透過口頭聲明，或者是像古代擊鼓鳴冤，這些法院是不會受理的。所以，學習如何寫訴狀，成為與法院溝通的方式。

訴狀有一定的基本格式，包括狀紙的名稱、案號、股別、訴訟標的、起訴事由等，其他還有受理的法院、證物名稱及件數、具狀人，以及日期。

以起訴狀為例，最主要是「訴之聲明」及「事實及理由」等兩大部分。（右頁提供傷害事故起訴狀範例乙則）

(二)提起訴訟

提出訴狀之後，就準備開始進入訴訟之程序，包括證據的蒐集提出、言詞辯論的相互功防，判決後的第二審上訴以及第三審上訴、法院裁定的抗告程序，以及判決確定之後的再審程序，都是起訴之後所要面臨的各種挑戰。

相關訴訟過程非常冗長複雜，如果資力許可的情況下，當然可以聘請律師幫忙打官司，如果資力不許可，但符合特定的要件，也可以請求法律扶助基金會出錢出力來協助打官司，但如果不符合法律扶助基金會協助的要件，就只能靠自己研究，除了閱讀民事訴訟法之外，也可以參考延伸閱讀《民事訴訟 第一次打民事官司就OK！》（十力文化），或是其他內容更豐富的民事訴訟法參考用書，都可以提供訴訟過程中的一些協助。

《民事起訴狀》

案號：　　　　　　　股別：

訴訟標的金額或價額：

原告：○○○　　　　　　住居所：○○○○○○

被告：○○○　　　　　　住居所：○○○○○○

為請求損害賠償事件提起訴訟事：

訴之聲明（※1）

一、被告應給付原告新臺幣(下同)○○元，及自起訴狀繕本送達翌日
　　起至清償日止，按年利率百分之○計算之利息。

二、訴訟費用由被告負擔。

事實及理由

被告於民國（下同）○年○月○日駕車撞傷原告，致使原告腿部骨
折，應給付原告醫療費用○○元、復健費用○○元、精神損害賠償
○○元，共計○○元，經一再請求給付，均置之不理。為此，檢附相
關事證（證一、二）（※2），狀請判決如訴之聲明，以維權益。

此致

○○地方法院 公鑒

證物名稱及件數：

一、路口錄影帶影本乙份。

二、事故肇事原因初步分析研判表。

　　　　　　　　　　　　　具狀人：○○○（簽名蓋章）

　　　　　　　　　　　　　撰狀人：

中　華　民　國　　○　　年　　○　　月　　○　　日

※1訴之聲明一的部分，主要在說明請求法院為如何內容之判決。

※2提出相關證據。

四 強制執行程序

受害人取得執行名義，如確定判決，加害人若不自動履行，則經由受害人向法院聲請，透過國家公權力的協助，達到滿足債權的目的，稱之為強制執行。

(一)調查財產

調查財產是強制執行程序中最重要的一部分，如果對方沒有財產，可能最後只能得到債權憑證，勝訴也只是空歡喜一場。

調查財產的方式，類似於「假扣押」程序中「查詢財產」之說明（請參照本書第164頁）例如向國稅機關調閱，也可以向法院聲請債務人財產，更可以請法院出面，命令債務人報告財產狀況。

(二)聲請執行

強制執行是指由債權人具狀向執行法院聲請強制執行。只要有了執行名義，也知道債務人的具體財產的數量及位置後，就可以開始寫狀紙，聲請執行法院進行強制執行。

強制執行費用與先前提到的訴訟費用並不一樣，指聲請強制執行，從查封、測量、鑑價、拍賣登報等等，統稱為執行費用。執行費用由債務人負擔，但是須先由債權人預納。

有時候預納費用就好比是潑出去的水，難以收回來，例如執行對方的不動產，但是該不動產可能已經設定抵押了，甚至還設定二胎、三胎。若順利將不動產拍賣出去，東扣、西扣，再先償還第一、二、三順位的抵押權，恐怕想要償還預納的費用，都還要排很久呢！

非財產案件，執行費用3千元。其他未規定者，準用民事訴訟法的規定。

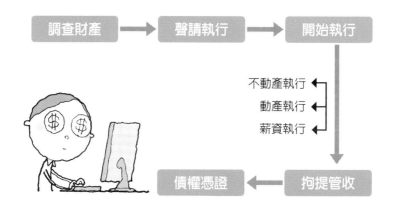

一般強制執行程序

調查財產 ➝ 聲請執行 ➝ 開始執行

不動產執行 ◀
動產執行 ◀
薪資執行 ◀

債權憑證 ◀ 拘提管收

聲請執行

執行標的金（價）額	執行費用
5千元以下	0元
超過5千元	7元／每千元

(三)開始執行

1.不動產執行

　　不動產執行的程序較為複雜，通常可以包括查封、拍賣進行，及完成拍賣階段。基本上可以參考下列流程表，以初步瞭解整個過程：

Step 01	查封階段	A	囑託地政機關進行查封登記
		B	債權人引導法院人員至現場執行查封行為
		C	不動產的測量與調查
Step 02	拍賣進行階段	A	通知行使抵押權
		B	鑑價程序
		C	拍賣公告、通知
		D	拍定
		E	通知優先購買權人行使權利
Step 03	完成拍賣階段	A	繳交價款
		B	塗銷查封、抵押權登記
		C	發權利移轉證明書
		D	製作分配表、定期分配及領取價款
		E	點交

實案分析 肇事者與他人共有的房子

　　2013年有高達六成待拍地為共有持分，因為拍到的不是全部產權，還要與他人共有。共有的規定很麻煩，如果要處分或要使用收益，還要經過其他共有人的同意。有媒體報導，王女以66萬元的價格拍下位於臺北市武成街一間透天的法拍屋，但僅持有一半的產權，另一半還在陳姓男屋主手上。雙方協商不成而互相提出告訴，最後法院判決陳姓男屋主必須搬出住居約50年的老家，但王女也不得進住該屋，更不能處分獲利。

　　筆者有一位學生撞上突然開車門的計程車，導致身體嚴重受傷，後來發現其有一間房屋，但也是共有的。雖然官司算是很順利，仍很擔心即使勝訴判決定讞，被告還是拒絕償還，只好拍賣其房屋的共有部分，未來不知道是否能順利拍出。

2. 動產執行

　　不動產通常價值比較高，債權人較喜歡查封拍賣不動產，當不動產不足以清償債權的時候，才會轉而向法院請求查封動產。

　　檢附執行名義向法院民事執行處聲請強制執行，民事執行處收到聲請狀後會分案，分到案件股的書記官會寄發執行通知，債權人依據通知時間到法院引導執行，進行現場查封，由書記官製作查封筆錄，由執達員貼上封條。

Q：要查封什麼動產？

A：當然是尋找屋子內較值錢的珠寶、股票、電器用品或鋼琴類的財物進行查封，但是常常在法院動產拍賣的物品鐘，還會看到椅子、旅行箱、紙箱、雨傘、內褲等，千奇百怪、無奇不有。

　　甚至於還看過水井，實在搞不懂水井要怎麼拍賣，又有誰會來買？還曾經看過報導說，在查封動產時，不小心把債務人祖先的牌位也查封了，真是讓人覺得蠻不可思議的。

　　實務上通常不太會去查封車輛，因為車輛常有貸款，貸款金額往往會高於車輛的殘餘價值，因此，除非車輛已無貸款，或價值不菲（如古董車），查封車輛才比較有實益。

3. 薪資執行

薪資的執行，是指每月應領薪資。

範圍為何呢？是指最低薪資嗎？還是全薪？然後有沒有包括獎金呢？

如果只是底薪，以執行三分之一來計算，相較於全薪而言，債權要獲得清償可能要花更多的時間了。

薪資的部分並非最低薪資，而是全薪：

每月應領薪資＝薪俸＋各種津貼＋獎金＋補助費等

其中有關獎金的部分，範圍很廣，包括：

獎金＝工作獎金＋年終獎金＋考核獎金＋紅利等

以全薪來計算是比較合情合理，例如每個月收入9萬元，底薪可能才3萬元。如果以底薪來計算，那每個月只能查扣三分之一，也就是1萬元，實際上卻留下8萬元生活費，比例上簡直就是鼓勵欠錢不還；反之，若是以實際上的全薪9萬元計算，則查扣三分之一，也就是三萬元，對於債權人的保障較佳，而且還有留下6萬元給債務人，此種查扣分配之方式，較為合情合理。

㈣ **拘提管收**

拘提是強制債務人到場接受詢問的一種強制處分；管收是一種為了促使債務人履行債務，在一定期間內，限制債務人於一定處所的強制處分。

廣告界名人范○欽因積欠前妻贍養費188萬元，前妻獲得勝訴判決後聲請強制執行，范某表示無力履行，法官要求范某先行給付50萬元，否則予以管收，其餘金額則將傳喚債權人協調酌減。

㈤ **債權憑證**

聲請強制執行後，若債務人沒有財產可供執行，法院就會發給債權憑證，此憑證可以調閱債務人的財產所得，等到債務人有財產的時候，再予以強制執行。

債務人為了避免債權人的催討，名下通常不會置產，有人認為債權憑證形同「壁紙」。因此，為了降低債務人的防備心，建議過一段時間按兵不動，讓債務人誤以為放棄追討，有時候名下就開始置產了，屆時聲請執行才可達到效果。

若是把戰線拉長，或許幾年後債務人死亡，繼承人又未辦理拋棄繼承或限定繼承，仍可以繼續向繼承人的財產加以執行。法院債權憑證時效5年，每5年一到你要換發新的債權憑證，確保債權的時效性。

第五章

交通事故之刑事責任

1

故意責任

一 故意的種類

刑法規定故意有「直接故意」與「間接故意」兩種，條文如右頁。

一般故意犯情形，通常都是明知並有意使其發生的直接故意，預見其發生而其發生不違背本意之間接故意，發生比例比較低，例如馬戲團的飛刀手志明，想要射穿模特兒春嬌頭上的蘋果，志明因為遭到春嬌責罵，心生怨恨，志明心想等下飛刀射過去，如果不小心射中春嬌的頭，那也正合其意，這就是間接故意。

二 故意車禍肇事的類型

一般而言，常見者多為過失肇事，故意開車撞人較為少見。以下將故意的情況，列舉如下：

(一)意圖殺人或傷害

例如電影中的殺手，想要開車撞死目標，當然成立刑責相當重的殺人罪。

【刑法第271條】

殺人者，處死刑、無期徒刑，或10年以上有期徒刑。

故意犯的種類

直接故意 →
【刑法第13條第1項】
行為人對於構成犯罪之事實，明知並有意使其發生者，為故意。

間接故意 →
【刑法第13條第2項】
行為人對於構成犯罪之事實，預見其發生而其發生並不違背其本意者，以故意論。

(二)先過失、後殺人

　　如果原本是不小心撞上受害者，導致受害者重傷，為了避免高額的賠償金，又再倒車將受害者壓死。此種情況，第一個行為屬於過失致（重）傷，但是第二個行為就是故意殺人。

　　總之，加害者只要是明知並有意使其發生，或者是預見結果的發生，結果的發生也不違背本意，都是屬於故意。

實案追緝 施○偉疑似撞人逃逸案

　　知名賽車手施○偉11月1日離開夜店時，因與某名男子發生糾紛，對方率眾包圍施○偉的跑車，企圖阻攔不讓其上車，還有人持鈍器打破車窗。

　　施見苗頭不對，欲駕車脫困，他一時情急猛催油門，欲先將車開上人行道再轉回馬路上，當時在鼓動人群中的朱姓男子不慎跌倒，正好被跑車輾過才受傷。警方調閱監視錄影帶，發現一群男子包圍敲打施的跑車。施○偉於事發當天上午隨即搭機至香港。

● 法令分析

　　施○偉是否成立故意殺人罪、傷害罪或重傷罪呢？

　　先來看一下相關規定：

【刑法第271條第1項殺人罪】

殺人者，處死刑、無期徒刑或10年以上有期徒刑。

【刑法第277條第1項普通傷害罪】

傷害人之身體或健康者，處3年以下有期徒刑、拘役或1千元以下罰金。

【刑法第278條第1項重傷罪】

使人受重傷者，處5年以上12年以下有期徒刑。

若施○偉故意想要衝撞朱姓男子致死，或者是主觀上認定雖然沒有想要殺人，但把人撞死也沒關係的想法，就會成立殺人罪。若主觀上只是要傷害或使之重傷的故意，就成立傷害罪或重傷罪。如果沒有導致死亡的結果或受傷(重傷)的結果，就是未遂犯。若施世偉只是不小心，則應該成立過失。

【刑法第185-4條肇事逃逸罪】

駕駛動力交通工具肇事，致人死傷而逃逸者，處1年以上7年以下有期徒刑。

本條所謂之駕駛動力交通工具，不管是騎腳踏車、機車、開車、開飛機、開捷運、駕駛高鐵等都算。若是搭乘貓空纜車的情況，乘客因為沒有駕駛的行為，就算撞到前面的纜車而逃逸，也不會構成本條罪名。

本條規定主要是為了保障被撞者，能夠在最短暫的時間內獲得救助，並遏制有意逃避責任之肇事者。因此，不管之前肇事的行為是故意或過失，只要後來發生逃逸的結果，都成立本罪。

● 正當防衛

施○偉該怎麼辦？

第一種主張，可以主張是過失行為。但是，肇事逃逸恐怕也免不了。

第二種主張，可以主張正當防衛，因為一堆人企圖砸車傷（殺）人，有不法侵害之存在。施○偉雙拳難敵四手，只好駕車脫困，卻不慎撞傷共犯成員中的朱姓男子。

因此，施○偉的開車行為應該是屬於防衛自己權利的行為，但遭撞身亡的朱姓男子，其行為是否為不法侵害，則還需要事實上的認定。若要件都構成，就能主張正當防衛，至於有沒有防衛過當，則是另行討論的問題。

● 緊急避難

若朱姓男子只是路過，恐怕不是不法侵害，那可否有第三種主張——緊急避難呢？

【刑法第24條第1項】

因避免自己或他人生命、身體、自由、財產之緊急危難而出於不得已之行為，不罰。但避難行為過當者，得減輕或免除其刑。

例如九二一地震，為了救出困在車輛中的老夫婦，逐把第三人的汽車門窗打破。這種為了避免老夫婦生命之緊急危難，而不得不把車窗打破的行為，屬於緊急避難。

正當防衛

【刑法第23條】

對於現在不法之侵害，而出於防衛自己或他人權利之行為，不罰。但防衛行為過當者，得減輕或免除其刑。

　　例如，歹徒持刀搶錢，正欲砍人之際，被害者使出太極拳之借力使力，把歹徒摔到牆壁上致死。在判斷上，歹徒的行為是不法侵害，被害者將歹徒摔到牆壁上的行為，也是防衛自己權利的行為，故得主張正當防衛。況且，歹徒砍人是朝頭部砍去，攸關生死關頭，也沒有防衛過當的問題。

　　至於施○偉的案件中，他人要追打（殺）之，則必須分析是否屬於「緊急危難」的要件。所謂「緊急危難」，是指某些特定的法益正在受到危難中，而且非常緊急迫切的危險狀態，至於危難的原因，出於人為、自然災害，則非所問。所以，這些人追打施世偉，似乎也可以屬於緊急危難。

　　故即使朱姓男子並沒有追打（殺）施○偉，施○偉為了救自己而撞傷了朱姓男子，似乎可以主張緊急避難了。

2 過失責任

一 過失與故意的判斷

常見的車禍事件，通常都是過失責任。所謂過失，白話的說法，就是所謂的不小心。

相對於過失的概念，就是「故意」。有些大客車駕駛撞到人時，為了避免受傷要賠更多，還會故意倒車將人壓死，這種就是「故意」，前文已經介紹過了。

(一)主觀要件需客觀事實加以判斷

故意、過失，都是一種主觀上的判斷，存在於行為人的腦袋中，從客觀上無法得知行為人在想些什麼，但是客觀上的蛛絲馬跡，可以作為判斷故意、過失的參考。

舉一個例子，A舉刀要殺B，刀子也插入B的屁股中，你認為A是故意還是過失？

A的辯解：當時看到一隻豬，想要晚上加菜，因此拿起刀就砍向豬，正要砍下去之際，忽然聽到後方有個怪聲，回頭看了一下，等到轉過頭時，刀子已經砍下，可是豬跑掉了，B卻不知怎麼剛好衝過來跑到刀子下，結果一刀插在B的屁股上。

若照A的說法，砍到B是過失，不是故意。但是參酌客觀環境判斷，A當時正在樓梯間，豬不可能跑上去，且警方在A的日記中發現曾寫下一段要拿刀砍B致死的文字，顯然有很多事證指向A是故意的可能性極高，這時候就可能認定A為故意。

■ 過失的種類

㈠無認識過失

一般車禍事件就是所謂的「應注意、能注意、不注意」九字真訣。譬如騎腳踏車的阿伯沒有在腳踏車後方安裝反光貼片，導致後方騎士撞上而摔倒身亡。

騎腳踏車的阿伯依據法律規定要加裝反光貼片、車燈	應注意
阿伯也有能力安裝反光貼片	能注意
但是阿伯卻沒有安裝	不注意

所以，阿伯有成立過失致死罪之可能。

無認識過失的法律規定如下：

【刑法第14條第1項（無認識過失）】

行為人雖非故意。但按其情節應注意，並能注意，而不注意者，為過失。

㈡有認識過失

有認識過失與前面無認識過失的差異，在於加害人對於車禍的結果能預見其發生。

在前面馬戲團的飛刀手志明，矇眼要射模特兒春嬌頭上蘋果的例子：

| 志明雖然知道若射不準，有可能射穿春嬌的腦袋 | 預見其發生 |
| 自信蒙眼飛刀的準確度百分之百，確信飛刀一定能射到春嬌頭頂上的蘋果，絕對不會射穿春嬌的腦袋 | 確信其不發生 |

但是，志明最後還是一刀射穿春嬌的腦袋，則屬於過失。

【刑法第14條第2項（有認識過失）】

行為人對於構成犯罪之事實，雖預見其能發生而確信其不發生者，以過失論。

有認識過失和間接故意兩者極為相似，但兩者之間仍有差別如下：

預期其發生，而其發生不違背本意 ⟶ 間接故意

預見其發生，而確信其不發生 ⟶ 有認識過失

三 信賴保護原則

有過失就一定要負責任嗎？

不一定，還是要看實際的情況，法律上特別建構了「信賴保護原則」的理論，讓加害人在一定的情況下不必負擔法律上的責任。

(一)什麼是信賴保護原則？

一般人安安分分的開車，通常並不認為會發生交通事故。可是，開車小心不會撞人，但不代表別人不會來被你撞。例如A車正常駕駛，B車亂變換車道，一下子就從最外側車道，閃進最內側車道，導致後車閃避不及而發生車禍。

或許一般人會認為任何人都要隨時注意車況，雖然B車違規，但是A車或多或少也要負擔一些責任。所謂信賴保護原則，是指己身遵守交通規則的情況之下，認為可以信賴其他人會遵守交通規則，這種信賴必須加以保護。因此，當其他人破壞了這個人與人之間的信賴，而未能遵守交通規則時，即使加害者撞上了被害人，還是可以依據信賴保護原則而免除責任。

以下來看一則案例：

實案追緝 高速公路撞機車事件

　　陳姓男子酒後騎機車上國道高速公路，騎了22公里後，在中清交流道附近擦撞中央分隔島。人車倒地後，被不明車輛輾斃，身體被拖行34公尺，案由警方移送。

　　機車騎士騎上高速公路，對於汽車的正常駕駛本來就有高度風險，如果是「醉上道」，潛在性危害更是難以估計。這位酒醉的陳姓男子，可能是因為碰撞上安全島之後，導致後方汽車閃避不及，進而追撞輾斃。

● 法令分析

　　不幸的事情發生，汽車駕駛基於「信賴保護原則」，對於此種「飛來橫禍」，通常不必負擔法律責任。此一原則，已有判例加以肯定。

【最高法院84年台上字第5360號判例】

　　汽車駕駛人對於防止危險發生之相關交通法令之規定，業已遵守，並盡相當之注意義務，以防止危險發生，始可信賴他人亦能遵守交通規則並盡同等注意義務。若因此而發生交通事故，方得以信賴保護原則為由免除過失責任。

　　另外，依據「高速公路及快速公路交通管制規則」第19條規定，機動腳踏車、慢車、部隊行軍或演習等，不得行駛或進入高速公路及快速公路。

　　因此，機車出現在國道，又酒醉駕車，加上突然撞上護欄後，翻倒在國道路上，汽車駕駛人應可主張「信賴保護原則」而免除刑法第276條過失致死之責任。

　　但是，肇事的汽車駕駛人卻因為一時心慌，而逃離現場，可能觸犯刑法的肇事逃逸罪。這就是所謂的「不逃沒事，逃了一定有法律責任」。

【刑法第185-4條】

　　駕駛動力交通工具肇事，致人死傷而逃逸者，處1年以上7年以下有期徒刑。

四 酒醉駕車有過失嗎？

車禍的發生、有沒有過失，與喝酒未必有關係，但現行法令上對於酒醉駕車卻有許多處罰與規範。舉個例子，假設喝醉酒的人還可以正常駕駛，以時速40公里的速度在內側車道往前行駛，突然有一輛摩托車高速從巷道內衝出來，而且一路從外側車道衝到內側車道，導致遭酒駕者撞死。此一情況，不應認定摩托車駕駛的死亡是因為酒醉駕駛的原因。

但是，不可否認的情況，酒醉駕駛還是會造成法官心證上的負面印象，如果到底有沒有過失並不明確，法院可能就會認定因為駕駛人酒醉駕車導致意識不清楚的風險。

如果是喝酒達到一定的量，依據道路交通安全規則第114條第2款規定，符合「飲用酒類或其他類似物後其吐氣所含酒精濃度達每公升0.15毫克或血液中酒精濃度達百分之0.03以上」者，屬於「不得駕駛」，至少構成民法第184條第2項本文規定「違反保護他人之法律，致生損害於他人者，負賠償責任」，還必須依據道路交通管理處罰條例第35條負有行政責任，最基本的處罰就是處新臺幣1萬5千元以上9萬元以下罰鍰，並當場移置保管該汽車及吊扣其駕駛執照1年。

在刑事責任方面，依據道路交通管理處罰條例第86條第1項規定：「汽車駕駛人，無駕駛執照駕車、酒醉駕車、吸食毒品或迷幻藥駕車、行駛人行道或行經行人穿越道不依規定讓行人優先通行，因而致人受傷或死亡，依法應負刑事責任者，加重其刑至二分之一。」

酒醉駕車撞傷行人示意圖

【刑法第185-3條：不能安全駕駛罪】

　　駕駛動力交通工具而有下列情形之一者，處2年以下有期徒刑，得併科20萬元以下罰金：

一、吐氣所含酒精濃度達每公升0.25毫克或血液中酒精濃度達百分之0.05以上。

二、有前款以外之其他情事足認服用酒類或其他相類之物，致不能安全駕駛。

三、服用毒品、麻醉藥品或其他相類之物，致不能安全駕駛。

　　因而致人於死者，處3年以上10年以下有期徒刑；致重傷者，處1年以上7年以下有期徒刑。

五 如何測量酒精濃度？

(一)吐氣檢測

發生車禍時，通常都要進行酒測反應的測試，電視上最常看到的就是警察手拿一個吐氣酒精濃度測試器，讓駕駛人對著該儀器吐氣，如果吐氣所含酒精濃度達每公升0.15毫克，不得駕駛；如果達每公升0.25毫克，則觸犯刑事公共危險罪。

(二)血液檢測

另外一種則是血液酒精濃度測試，通常是當事人因傷救治中，無法順利吐氣進行測試，所已透過抽血的方式來測試血液內的酒精濃度。如果血液中酒精濃度達百分之0.03以上，不得駕駛；達百分之0.05以上者，則觸犯刑事公共危險罪。

讓我們看一下實務判決是怎麼描述的「……陳○○於事故後送醫急救，經檢測其血液中酒精濃度換算為呼氣中酒精濃度為每公升1.3985毫克，已逾每公升0.55毫克標準甚多，其酒後駕駛行為屬犯刑法第185-3條重大違背義務致交通危險罪之犯罪行為……」只是這種血液中所含酒精濃度的測試，準確度到底如何，還是有許多爭議與討論。

吐氣酒精濃度測試示意圖

抽血酒精濃度測試示意圖

(三)眼球液檢測

眼球液檢測，光聽起來就很恐怖，不過這是針對往生者的一種檢測方式。實務上也發生機車騎士遭撞死，因血液檢測結果有酒精反應，保險公司拒絕理賠，檢察官將死者的「眼球液」送請刑事局以頂空氣相層析質譜分析法檢驗，並未檢出酒精成分。

到底哪一種比較準呢？

依據法院向法務部法醫研究所函文詢問：「眼球液未檢出酒精成分是否得以完全排除吐氣或血液酒精成分之可能性？」

法醫研究所回覆內容要點如下：

一般醫院之生化儀器，其儀器偵測原理多為生化酵素免疫分析法（含化學呈色法等），極易有偽陽性反應發生，若以該類原理之儀器檢測酒精（乙醇），較易受一些因素影響，如採檢時是否使用正確檢體收集管、檢體個別特性（如該檢體是否融血？乳酸含量？）、急救輸液等因素干擾。因此醫院生化儀器檢驗酒精之結果，僅能作為醫療之參考。一般刑事鑑識實驗室係以頂空氣相層析分析法來檢驗血液中酒精濃度，該法利用層析管柱將將待測物分離，依其滯留時間不同而區分出待測物，準確性高且干擾少，為目前世界各國刑事鑑識及法醫毒物單位檢測血液酒精濃度所使用。人體死亡後，無法採得血液的之情況之下，欲鑑定毒藥物及酒精，眼球液可作為——替代性檢體」（臺灣臺北地方法院100年度保險字第78號民事判決）

最後，法院據此判決保險公司敗訴，保險公司應依據保險契約給付身故保險金。

眼球液酒精濃度測試示意圖

3 犯罪類型

一 普通過失傷害

一般民眾不小心開車撞傷人，通常就是成立普通過失傷害罪。如果是重傷，則是成立過失致重傷罪。兩種犯罪行為的刑責都不重，過失致傷害者，最重不過是6月以下的有期徒刑；重傷者，則是最重1年以下的有期徒刑。

【刑法第284條第1項】

因過失傷害人者，處6月以下有期徒刑、拘役或5百元以下罰金，致重傷者，處1年以下有期徒刑、拘役或5百元以下罰金。

什麼是重傷？

刑法有明文規定重傷的定義，其規定如下：

【刑法第10條第4項】

稱重傷者，謂下列傷害：
一、毀敗或嚴重減損一目或二目之視能。
二、毀敗或嚴重減損一耳或二耳之聽能。
三、毀敗或嚴重減損語能、味能或嗅能。
四、毀敗或嚴重減損一肢以上之機能。
五、毀敗或嚴重減損生殖之機能。
六、其他於身體或健康，有重大不治或難治之傷害。

以下整理常見的車禍犯罪類型：

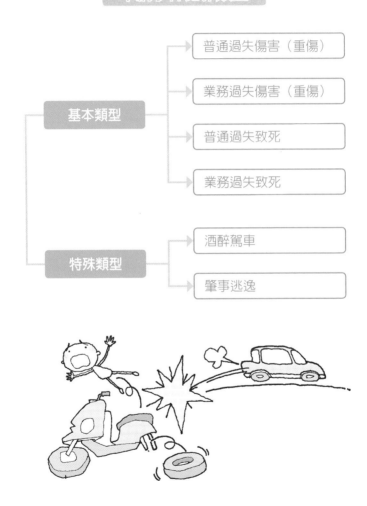

車禍事件犯罪類型

基本類型
- 普通過失傷害（重傷）
- 業務過失傷害（重傷）
- 普通過失致死
- 業務過失致死

特殊類型
- 酒醉駕車
- 肇事逃逸

二 業務過失傷害

　　常見的職業駕駛人肇事致傷，即成立業務過失傷害罪，也是分成傷害以及重傷兩種結果，一般過失傷害，最重是1年以下有期徒刑，重傷的情況，則是3年以下有期徒刑。

　　所謂業務傷害，是專門針對執行業務之人，因為其駕駛的專業性，故賦予之注意義務，相較於一般駕駛人為高。既然有較高的注意義務，在發生過失傷害的結果時，其刑責當然就比一般駕駛人嚴重。

【刑法第284條第2項】

　　從事業務之人，因業務上之過失傷害人者，處1年以下有期徒刑、拘役或1千元以下罰金，致重傷者，處3年以下有期徒刑、拘役或2千元以下罰金。

三 普通過失致死

　　如果加害人過失肇事，導致被害人死亡的結果，則成立普通過失致死的罪名。其規定如下：

【刑法第276條第1項】

　　因過失致人於死者，處2年以下有期徒刑、拘役或2千元以下罰金。

四 業務過失致死

如果加害人過失肇事，又是屬於執行業務的行為，業務過失致死罪，導致被害人死亡的結果，則成立業務過失致死的罪名。其規定如下：

【刑法第276條第2項】

從事業務之人，因業務上之過失犯前項之罪者，處5年以下有期徒刑或拘役，得併科3千元以下罰金。

砂石車駕駛或其他行業執行業務的駕駛，常因車輛的特殊性或駕駛本身的疏忽，導致重大傷亡的結果。但是，法院判決的結果，卻讓許多受害家屬認為判刑太輕、正義無法伸張。

這是因為業務過失致死罪，其本質依然是過失，刑法體系中對於過失評價的責難性較低。雖然導致的結果是一條生命的結束，但最重只處以5年以下有期徒刑，最高刑責與普通竊盜罪相同，再加上現行法院大都不會依據最重的刑度科刑，也就產生撞死一條人命，可能只須要坐幾個月的牢。

實案追緝 蕭○軍車禍事件

　　　　知名的臺中市文華高中熱音社女主唱蕭○軍，為了買父親節禮物，由陳姓學長騎機車載送，途中因違規迴轉，遭計程車撞擊，兩人翻落至對向車道，蕭○軍安全帽掉落，頭部重創，8天後不治身亡。

● 法令分析

　　蕭○軍的陳姓學長疑似違規迴轉，導致蕭○軍翻落對向車道，頭部重創而死亡。

　　陳姓學長的行為：可能成立過失致死罪。

　　計程車司機的行為：若有過失，則成立業務過失致死罪。

● 車禍達人的建議

　　蕭○軍的養父表示願意原諒肇事者，不過（業務）過失致死罪因涉及人命，屬於非告訴乃論罪，沒有告訴、撤回告訴的問題，並不會因為原諒而免除刑事上的責任。因此，雙方當事人如果無法達成民事上的和解，檢察官應該還是會依職權起訴。

　　民事責任方面，若有過失，自當負擔損害賠償責任，無論陳姓學長是否出自好心，幫助蕭○軍購買父親節禮物。因為，並不會因為騎車出於善意，而免除其過失責任。

　　「不論多少錢，都無法挽回死者的生命。」

　　但車禍事件最不人性，也最人性的一件事情，就在於必須決定一個賠償金額。往往金額的決定就是紛爭的來源，紛爭無法解決，「不理性」、「不聯繫」、「不上香」等責難，就會出現在大眾的眼前。

五 酒醉駕車

實案追緝 酒駕，一定有過失嗎？

　　安親班擔任美語老師的王女，生日宴會上喝酒慶生，清晨返家時與騎士廖姓男子發生車禍，導致廖姓男子大腿骨折傷勢嚴重。

　　傷者的兒子趕到現場時，聞到王女身上濃濃的酒味，大罵她喝酒還開車，但王女供稱是傷者撞上，雙方各執一詞，互控對方不是。

● 法令分析

　　無論車禍肇事原因的研判是否為騎士閃避不及撞上轎車，還是王女成立過失傷害罪。至少，王女酒測值超過標準，依法以公共危險罪送辦。（參照第192-193頁）

【刑法第185-3條】

　　駕駛動力交通工具而有下列情形之一者，處2年以下有期徒刑，得併科20萬元以下罰金：

一、吐氣所含酒精濃度達每公升0.25毫克或血液中酒精濃度達百分之0.05以上。

二、有前款以外之其他情事足認服用酒類或其他相類之物，致不能安全駕駛。

三、服用毒品、麻醉藥品或其他相類之物，致不能安全駕駛。

　　因而致人於死者，處3年以上10年以下有期徒刑；致重傷者，處1年以上7年以下有期徒刑。

此外，行政責任方面，王女還違反道路交通管理處罰條例第35條，其規定如下：

【道路交通管理處罰條例第35條】

　　汽車駕駛人，駕駛汽車經測試檢定有下列情形之一者，處新臺幣1萬5千元以上9萬元以下罰鍰，並當場移置保管該汽車及吊扣其駕駛執照1年；附載未滿12歲兒童或因而肇事致人受傷者，並吊扣其駕駛執照2年；致人重傷或死亡者，吊銷其駕駛執照，並不得再考領：

一、酒精濃度超過規定標準。

二、吸食毒品、迷幻藥、麻醉藥品及其相類似之管制藥品。

● 車禍達人的見解

　　酒醉駕車未必有過失責任。酒醉駕車已經有行政上之處罰，與駕駛肇事導致他人受傷或死亡之「過失」，仍應切割加以判斷。過失致傷的過失，仍然是看有無符合刑法第14條有認識過失及無認識過失的要件，並非只要喝酒就有過失。

　　有一種蠻相近的情況，如果撞到機車，機車騎士因為沒有戴安全帽而受傷，那麼肇事者可否主張對方沒戴安全帽，違反規定，而主張機車騎士有過失？

　　機車沒戴安全帽，當然是違反行政法規之行為，但與駕駛是否有過失，則不能混為一談。不能說沒戴安全帽，駕駛行為就有過失，這樣子的推論是錯的，因為有沒有戴安全帽與駕駛行為有沒有過失，兩者並無關聯性。

　　肇事者頂多能夠主張，因為機車騎士沒戴安全帽，才會導致頭部

嚴重受傷，或因而提高其他受傷的程度，針對受傷結果的加重，這一部分也要負過失責任，而主張過失相抵。

六　肇事逃逸

為了避免肇事者逃逸，導致責任無法釐清、受害人無法獲得即時救治等，刑法特別增設肇事逃逸罪，其規定如下：

【刑法第185-4條】

駕駛動力交通工具肇事，致人死傷而逃逸者，處1年以上7年以下有期徒刑。

透過刑罰的增訂，讓民眾知道發生車禍事故之際，應該要負責任地處理，否則可能會面臨最重7年以下，最輕1年以上的刑事責任。

實際上仍有許多案例，當事人寧願冒被判刑的風險，也不願負責任，因此肇事逃逸之案件屢見不鮮。

不過，現在許多街頭巷尾都安裝攝影機，能夠有效地將車禍事件記錄下來，也有些是熱心的民眾，或者是受害人自行記錄下肇事車輛，而順利逮捕肇事者。

● 還可能成立殺人罪

　　撞傷人逃逸之後，肇事者因為此一危險前行為，以及其他交通法規，而對於被害人有即時救助之義務，若是違反此義務，而導致被害人死亡，就可能成立殺人罪之不純正不作為犯。

【刑法第15條】

Ⅰ 對於犯罪結果之發生，法律上有防止之義務，能防止而不防止者，與因積極行為發生結果者同。

Ⅱ 因自己行為致有發生犯罪結果之危險者，負防止其發生之義務。

實務案例 英商撞死孝子事件

　　撞死孝子黃姓送報生的印裔英籍商人林克穎，被檢方求刑2年6個月，並被檢方限制出境。林姓肇事者凌晨喝醉酒，撞死黃姓送報生，所駕駛的賓士車車頭嚴重凹陷，送去車廠時，還希望以低價賣掉處理，就在差點湮滅證據之時，一位資深的退休警員剛好也到相同車廠修車，發現該輛賓士車車體疑似遭到撞擊，又回憶起媒體有報導附近發生車禍事件，遂立刻向警方報案，才能確保肇事車輛鐵證不被湮滅。

　　只是讓受害家屬難以接受的，是這名肇事者不但疑似想要湮滅證據，還冒用友人護照潛逃至英國。

　　林克穎酒駕撞死人又逃逸，觸犯了公共危險（酒醉駕車）、肇事逃逸與過失致死等三項罪責，檢方具體求刑2年6個月，然而對於推諉卸責的林克穎，其犯後態度卻讓家屬以及社會難以原

諒，不但自稱只有「道義責任」，還推說當時開車的人是泊車小弟，甚至於謠傳只願意賠償1萬美金，引發輿論一陣撻伐。

針對刑責過輕的部分，檢方解釋具體求刑2年6個月，比以往同類型的案件已經重了許多，畢竟這三條罪中，以肇事逃逸的5年以下為最重，不可能因為單一案件受到輿論注目，就與其他案件有不符合比例的具體求刑。當然，我國目前過失致死的罪嫌確實過輕，有必要審酌修正之必要。

若真如媒體報導，林克穎自稱只有「道義責任」，顯係對於我國法令之誤解，除了酒醉駕車的行政責任外，還有前開三種罪名的刑事責任，以及民事上侵權行為損害賠償之責任。

推卸責任給泊車小弟之事，還好當時酒店有錄影證明，泊車小弟一下子就回來，從時間推算，根本不可能幫忙肇事者林克穎，林克穎將責任推給他人，更令社會輿論不滿。最後，林克穎遭判刑四年定讞，目前正等待從英國引渡回臺。

別逃！別說謊！以免檢察官具體求處更高的刑責。

● 自首

　肇事不但不能逃逸，若是能在警方前往處理之際，主動向警方自首，還有可以獲得減刑的機會。因為前來處理的警方，會填寫所謂的「自首紀錄表」，而大多數檢察官或法官，都會依據「自首紀錄表」來予以減輕其刑。有關自首規定如下：

【刑法第62條規定】

　對於未發覺之罪自首而受裁判者，得減輕其刑。但有特別規定者，依其規定。

　本條自首之規定，以對於未發覺之罪投案而受裁判為要件，如案已發覺，則被告縱有投案陳述自己犯罪之事實，亦僅可謂為自白，不能認為自首。（26上484）但是，什麼是「未發覺之罪」呢？實務上認為所謂發覺，固非以有偵查犯罪權之機關或人員確知其人犯罪無誤為必要，而於對其發生嫌疑時，即得謂為已發覺。（72台上641）

　如果自首，是不是一定就能夠減刑呢？

　未必，因為條文中是「得減輕其刑」，所以可以減輕其刑，也可以不減輕其刑，端視實際案例加以判斷。蓋因自首的動機不一而足，有些是因為內心悔悟，有些則是預期自首會獲得減刑，因此如果規定一律都可以減刑，恐怕難期公平，且有使犯人不害怕刑法的處罰，如同白曉燕案陳○興的小舅子，又因他案而殺人，並向警方自首，也就是希望殺人免死。所以，我國自首制度由「必減」改為「得減」，以避免有些動機不良的犯罪者，藉著自首的制度來逃脫刑罰的制裁。

實務案例 計程車司機自首案

甲被計程車司機乙撞傷，警方到現場處理，問了甲、乙二人，乙立即主動向前，向警方承認是其所為，警方遂於「自首紀錄表」記載乙自首。後來甲、乙雙方和解未成，檢方將乙以業務過失傷害罪（1年以下有期徒刑），但是檢方依據前開紀錄表，記明乙是自首，因為自首得減輕其刑，也就是有期徒刑得減輕其刑至二分之一，通常如果沒有太大的意外，法院都會據此將當事人以自首減輕其刑；換言之，最重就只能處以6個月，易科罰金的機率又提高不少。但是，此舉讓甲覺得不能接受，認為怎麼可以成立自首。

● 車禍達人的法律見解

實務上對此種情形，大多會依據警方的紀錄給予自首，但是許多案件又多重判至5、6月，顯見雖然有自首，但法院仍認為應該予以重罰，尤其是計程車發生車禍，又大多難以和解，對於經常看到這種結果的法官，恐怕量刑上也不會手軟。

只是這類案件既然判處6個月以下，如果不想要坐牢，易科罰金最低以每日1千元計算，6個月折算罰金也要18萬元，建議若和解金不高，還是以和解為宜。其次，法院對於自首的認定，應該要更嚴謹，第一線處理車禍的員警，更應該僅陳述事實，若到場後應盡可能詢問被害人，再依據被害人指出肇事者為何人，而非肇事者積極主動地跑上前說是其所為，即符合自首之要件，員警也直接在「自首紀錄表」上勾選，如此一來，將導致自首與否的判斷變成了第一線的員警，檢察官、法官都未做自首的實質判斷，對被害人也是不公平。

4 犯罪偵查

━ 告訴乃論及非告訴乃論

　　刑事案件，可以分成告訴乃論及非告訴乃論兩種罪刑。

　　<u>告訴乃論罪</u>，是指有告訴權人，例如被害人，提出告訴時，執法機關才能進行偵查起訴。告訴乃論罪的罪刑通常較為輕微，國家執法權力原則上並不介入，除非當事人請求介入，才進行偵查起訴。

　　<u>非告訴乃論罪</u>，是指即便沒有被告訴權人提出告訴，執法機關仍然能夠偵查起訴。例如殺人、強盜、偽造國幣、偽造文書、竊盜罪等。

　　有時當事人誤以為和解後，不提出告訴或撤回告訴，就不必擔負刑事責任。這些都是錯誤的觀念，曾經發生一起事件，春嬌遭到性侵害後並沒有報案，與加害人志明相約至派出所借場所進行談判，由於談判過程爭執聲音過大，警方詢問後才知道是性侵害案件。由於妨害性自主罪大多數的犯罪類型已經改成非告訴乃論罪，警方當然只好主動偵辦，將志明移送偵查。

告訴乃論

被害者：我要提出告訴。

警方：我們警方會立即偵辦。

被害者

非告訴乃論

被害者：已與肇事者達成和解，不想要對肇事者提出告訴。

警方：本案乃過失致死罪，屬於非告訴乃論罪，就算不提出告訴，警方也得偵辦。

被害者

　　許多人都將非告訴乃論罪誤稱為「公訴罪」，實際上並沒有公訴罪這個名稱，只有公訴程序與自訴程序的區別，甚至有很多法律專家也會發生錯誤。

　　非告訴乃論罪通常是比較嚴重的罪行，所以不必當事人提出告訴，司法機關也能對之偵查起訴，與公訴當然是不同的觀念。公訴，是指檢察官立於國家的地位，將犯罪之涉嫌人起訴，求處一定之刑責。（公訴之詳細介紹如下頁）

■ 公訴與自訴

　　公訴，是指檢察官立於國家之地位，將犯罪之涉嫌人起訴，透過國家偵查的機器，有效地達成偵查的目的，但是有時候遇到對案情不熟悉的檢察官，恐怕偵查的效果就比較差了，明明該起訴的案件，最後卻落得不起訴的結果。

　　自訴，可以直接向法院提出告訴，例如馬英九特別費案，控告檢察官偽造文書，因為馬先生擔心檢察官「官官相護」，遂以自訴方式提出。過去自訴的案件過於氾濫，只要稍具知名的人士，如總統、副總統、各黨黨主席等，都常會成為被告的對象，令這些名人不堪其擾。究其原因，提出刑事告訴並不需要繳納裁判費，所以許多當事人就濫用國家資源，造成訴訟資源上的浪費。

● 強制律師代理制度

　　目前自訴的制度已經有稍作修正，當事人必須委任辯護人，也就是聘請律師進行訴訟，透過「以價制量」的方式，來降低濫訴的比例。只是這樣子的制度，犧牲了一般人憲法上所保障的訴訟權，是利是弊，還待時間的檢驗。

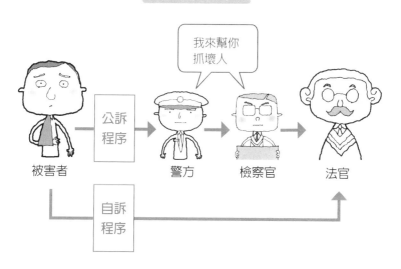

　　公訴，是指檢察官代表國家，將犯罪涉嫌人起訴，白話的解釋是「由國家機關進行追訴」；自訴，則是指不透過檢察官，自行對被告向法院提出訴訟。

【刑事訴訟法第319條第1、2項】

Ⅰ 犯罪之被害人得提起自訴。但無行為能力或限制行為能力或死亡者，得由其法定代理人、直系血親或配偶為之。

Ⅱ 前項自訴之提起，應委任律師行之。

目 非告訴乃論罪與和解

解決車禍事件紛爭，和解是最常見的一種方式。但是，必須要特別注意的一點，達成和解之後，除了要負擔的民事責任外，並不代表刑事責任就可以完全免責。

原因為何？

理由很簡單，許多車禍案件所涉及的刑事責任是「非告訴乃論罪」。因此，達成和解之後，通常在和解書上會加上一條條款，表示拋棄或撤回民、刑事上的法律主張。但是，如果（業務）過失致死、肇事逃逸、酒醉駕車等罪，因為屬於非告訴乃論罪，即使雙方達成和解，執法機關還是必須依據職權偵查起訴。

但是和解真的沒有幫助嗎？其實未必沒有幫助，因為和解雖然無法停止偵查的進行，但是和解仍會有下面的效果：

(一)檢察官的階段

過失致死（不包括業務過失致死）、酒醉駕車兩種情況，因為最重本刑為3年以下的有期徒刑，符合刑事訴訟法第376條的情況，所以，檢察官可以參酌一些具體事實，而不起訴處分。

簡單來說，就是因為案情輕微，當事人又有誠意解決，實在不需要透過司法程序給予當事人刑事上的處罰。通常要讓檢察官做出不起訴處分，大多要達成和解，否則檢察官也不太敢為不起訴之處分。但在採取緩起訴的制度後，不起訴的比例也逐漸地降低。（有關緩起訴的制度，詳如第216頁）

相關規定如下：

【刑事訴訟法第253條規定】

第376條所規定之案件，檢察官參酌刑法第57條所列事項，認爲以不起訴爲適當者，得爲不起訴之處分。

因此，如果雙方當事人達成和解，就可以作爲檢察官參酌的事項，否則未達成和解，檢察官還爲不起訴的處分，恐怕會遭到被害人質疑與加害人勾串的嫌疑。

當事人雙方已達成和解，依據刑法第57條第10款「犯罪後之態度」，給予加害人不起訴的處分。

檢察官

【刑法第57條】

科刑時應以行爲人之責任爲基礎，並審酌一切情狀，尤應注意下列事項，爲科刑輕重之標準：
一、犯罪之動機、目的。
二、犯罪時所受之刺激。
三、犯罪之手段。
四、犯罪行爲人之生活狀況。
五、犯罪行爲人之品行。
六、犯罪行爲人之智識程度。
七、犯罪行爲人與被害人之關係。
八、犯罪行爲人違反義務之程度。
九、犯罪所生之危險或損害。
十、犯罪後之態度。

其次，若檢察官認為不起訴的處分並不適當，當事人的行為還要觀察，可能會做出緩起訴的處分。

所謂「緩起訴」的處分，是檢察官的一種法寶，有點兒像是「留校察看」的意味，被告只要在緩起訴的期間內安分守己，其所涉嫌的罪就會一筆勾消。正因如此，不但檢察官樂用，連被告也都努力主動向檢察官爭取這項「福利」！

緩起訴制度有一個適用的基本前提，就是被告所犯的罪，其法定刑不能是死刑、無期徒刑或最輕本刑為3年以上之有期徒刑。舉例而言，故意殺人罪，依刑法第271條規定，處死刑、無期徒刑或「10年以上」有期徒刑，並不適用緩起訴。

車禍事件的相關法律，除了故意犯之外，其他的犯罪刑責都不高，所以都是緩起訴適用的範圍。

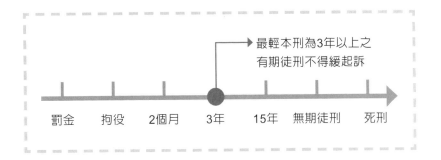

最輕本刑為3年以上之
有期徒刑不得緩起訴

| 罰金 | 拘役 | 2個月 | 3年 | 15年 | 無期徒刑 | 死刑 |

(二)法院的階段

法院審理車禍案件時，若當事人已經達成和解，則可以作為減刑的理由，甚至於可以判處緩刑或得易科罰金。

所謂緩刑，是指犯罪情況輕微，而為 2 年以下有期徒刑、拘役或罰金之宣告，為避免短期自由刑的危害，擔心輕微的犯罪人到監獄反而精進犯罪技能，因此暫時不關進監牢裡，只要在一定期間不再犯錯，法律上則視同未曾受刑之宣告的一種制度。

【刑法第74條第1項規定】

受2年以下有期徒刑、拘役或罰金之宣告，而有下列情形之一，認以暫不執行為適當者，得宣告2年以上5年以下之緩刑，其期間自裁判確定之日起算：

一、未曾因故意犯罪受有期徒刑以上刑之宣告者。

二、前因故意犯罪受有期徒刑以上刑之宣告，執行完畢或赦免後，5年以內未曾因故意犯罪受有期徒刑以上刑之宣告者。

四 刑事附帶民事訴訟

(一)什麼是刑事附帶民事訴訟

　　刑事附帶民事訴訟程序，乃是指因為犯罪而受有損害的人，在刑事訴訟程序中，附帶提起民事訴訟，請求回復原狀或損害賠償。由於犯罪者往往會產生民事及刑事的雙重責任，為了讓犯罪受害人不必雙重應訴，法院也可以避免重複審判，節省精力與費用，才有此一制度之產生。

(二)原則免納裁判費

　　刑事附帶民事訴訟（刑訴§487～512），須於檢察官起訴或被害人提起自訴，也就是刑事案件已經繫屬於第一審法院後，才能提起。必須特別注意的一件事，提起刑事附帶民事訴訟並不需要繳納裁判費，對於刑事案件的受害人，可以減輕不小負擔。

　　如果法院認為案情複雜，而將民事部分移送民事庭審理，也不用繳納裁判費。但是，如果有追加擴張請求範圍，則就必須在追加擴張的範圍內繳交裁判費。免納裁判之優惠僅限於民事第一審，該附帶民事訴訟敗訴之一方，無論是原告或被告，如欲上訴仍應徵納第二審裁判費用。

⑸刑事為民事參考依據

　　刑事案件判決被告有罪時，通常都會裁定移送民事庭繼續審理，不會直接就刑事附帶民事訴訟判決賠償金額。如果刑事案件上訴第二審，刑事附帶民事訴訟仍留在第一審法院民事庭，審理速度大多會放慢，以待刑事案件的判決結果，以作為民事判決的參考依據。

　　刑事無罪，並不代表民事上不必負擔責任。因為，刑事的成立較為困難，例如美國著名的足球明星辛普森殺妻案，刑事判決無罪，可是民事賠到破產。

⑹怎麼撰寫刑事附帶民事訴狀

　　基本上，刑事附帶民事訴訟狀的寫法與一般民事訴訟的訴狀差不多，只是必須註明刑事案件已經起（上）訴。另外，還需要特別注意的情況，為了避免日後因為被告判決無罪、免訴或不受理之判決等情形，而將刑事附帶民事訴訟駁回，再重新起訴時，會面臨時效抗辯風險，可以在起訴狀中，或另外以聲請狀請求移送民事庭審理。

　　接著以車禍事件為例，提供刑事附帶民事的起訴狀範例：

　　（如下頁範例）

《刑事附帶民事訴訟起訴狀》

股別：○○
訴訟標的金額或價額：○○
原告：○○○　　　　　　住居所：○○○○○○
被告：○○○　　　　　　住居所：○○○○○○
為被告涉嫌○○案件，謹提起刑事附帶民事訴訟事：

訴之聲明

一、被告應給付原告新臺幣（下同）○○元，及自起訴狀繕本送達翌
　　日起至清償日止，按年利率百分之○計算之利息。
二、原告願供擔保，請准宣告假執行。

事實及理由

一、被告於民國（下同）○○年○○月○○日下午○時○分，駕駛車
　　號○○○─○○○之自小客車，沿忠孝東路往東行駛，行經光復
　　南路口時，應注意能注意而不注意，竟闖紅燈，追撞沿光復南路
　　往北行駛機車之○○○，導致○○○左腿骨折及機車毀損之結
　　果。而被告涉嫌過失致傷之案件，業經　鈞院○○年度○○字第
　　○○號案審理中。
二、被告○○○上開過失行為，導致原告受有損害，依據民法第
　　188、191-2等規定請求侵權行為損害賠償。

（右4）
三、原告請求之明細如下：
(一)醫療費用……。（證一）
(二)汽車修理費用：……。（證二）
(三)慰撫金：……。
以上總計○○元。
四、爰此懇請 鈞院鑒核，賜准判如訴之聲明，以維權利，實感德便。

此致
○○地方法院　公鑒
證物名稱及件數
一、○○。
二、○○。

　　　　　　　　　　　　具狀人：○○○（簽名蓋章）
中　華　民　國　○　年　○　月　○　日

　　前文提到為避免時效上的風險，可以在起訴狀中，或另外以聲請狀請求如刑事訴訟諭知無罪、免訴或不受理判決時，請將附帶民事訴訟移送民事庭審理。以下提供聲請移送民事庭訴狀範例：

《刑事附帶民事訴訟聲請狀》

案號：○○

股別：○○

訴訟標的金額或價額：○○

原告：○○○　　　　　　　住居所：○○○○○○

被告：○○○　　　　　　　住居所：○○○○○○

為刑事附帶民事○○案件，謹聲請移送民事庭事：

因本案○○發生迄今已近2年，而本刑事案審理迄今尚未能於短時間內結束，為免日後重新起訴恐罹於時效，懇請　鈞院鑒核，賜准於本案若諭知被告無罪、免訴、不受理或裁定駁回時，能將本○○事件，移送　鈞院民事庭審理。

此致

○○地方法院刑事庭　公鑒

證物名稱及件數

　　　　　　　　　　　　　具狀人：○○○（簽名蓋章）

中　　華　　民　　國　　○　　年　　○　　月　　○　　日

　　在檢察官提起公訴的案件中，被害人要在起訴之後，才得以提起附帶民事訴訟（刑訴§488）。但現在許多案件都是聲請簡易判決處刑，往往從起訴到判決，一晃眼就判決結束了。

　　有些當事人為了省裁判費，變成必須要再上訴，再提出附帶民事訴訟。如此一來，就少了一個審級利益。因此，若要提出刑事附帶民事訴訟的當事人，要特別注意提起的時間點。

5 法院審理

一 車禍事件判刑較為輕微

相較於其他刑事案件，車禍事件屬於較為輕微的案件（如右圖），除非發生死亡事件，而且無法達成和解，否則通常會判處緩刑或易科罰金，較少讓當事人關進監獄吃牢飯的情況。

所謂易科罰金，是指法院判處之刑期，得以繳納罰金的方式代替之。此種代替式的處罰，可以避免短期自由刑的流弊；緩刑，則是指在一定期間之內，暫時不執行刑罰，若是肇事者在一定期間內不再犯罪，則視同未曾受刑之宣告；緩刑算是一種暫緩執行、留校察看的制度，也能避免短期自由刑的流弊。

二 和解影響判決的結果

筆者曾經遇過一起車禍事件，某位砂石車駕駛A因為過失撞傷一名老人B，A立即下車處理，將B送醫救治，但是因為撞擊力道過大，導致癱瘓必須長期臥床養病。

B提出傷害告訴，A則尋求雙方和解的機會，並願意賠償200萬元，但與B主張的500萬元相去甚遠。因為雙方無法達成和解，一審法院判決A有期徒刑8個月，並沒有宣告緩刑。

為此，A上訴，並持續尋求與B和解的機會，願意加碼至250萬元；B雖然願意下降至450萬元，但是仍然差距甚大。最後二審依然維持原判，A只好入獄服刑。

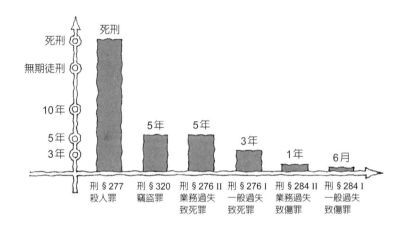

不同類型最重刑度之比較

換言之，對於不慎撞傷人或撞死人的結果，關進監牢或許是一種處罰方式，但絕對不是一種好的處罰方式，反而可能造成雙方家庭的破碎。因此，若是能達成和解，透過金錢或其他機制解決，法院當然也不希望讓肇事者入獄服刑。但是，若無法透過和解機制解決，只好退而求其次，以入獄服刑的方式達到懲罰當事人的目的。

在未能達成和解的情況下，法院也不太可能加以輕判，除非有特殊情況，更不願意讓肇事者緩刑。畢竟還是要給被害家屬一個交代，否則若任意地輕縱肇事者，反而會有是不是收受賄賂、與肇事者有關係等的質疑。

＊註：可透過保險、犯罪、被害人保護法之補償金，來達到補償犯罪被害人之目的。

6 未成年人肇事之情況

　　現行社會的花花世界充滿各種誘惑，為保障少年健全之自我成長，調整其成長環境，並矯治12～18歲少年的性格發展，不要受到太多外在不良的影響，特制定「少年事件處理法」，特別針對少年保護事件及少年刑事案件進行處理。車禍事件若造成當事人的傷亡，也是屬於刑事案件，適用「少年事件處理法」。

■ 適用範圍

　　下列事件，由少年法庭處理：

1. 少年觸犯刑罰法律之行為：例如殺人、放火、偷竊等行為。
2. 虞犯行為
   (1)有經常與有犯罪習性之人交往。
   (2)經常出入少年不當進入之場所。
   (3)經常逃學或逃家。
   (4)參加不良組織。
   (5)無正當理由經常攜帶刀械。
   (6)吸食或施打煙毒或麻醉藥品以外之迷幻物品。
   (7)有預備犯罪或犯罪未遂而為法所不罰之行為。

> 　　車禍致傷或亡、酒醉駕車、肇事逃逸等，屬於前述觸犯刑法的行為，故可以交由少年法庭審理。

處理方法

(一)移送至檢察官

少年觸犯刑罰法律，犯最輕本刑為5年以上有期徒刑之罪，或事件繫屬後已滿20歲，或涉案情節重大，少年法庭有權將其移送檢察官審理。車禍事件通常案情輕微，除非是故意犯，否則並不會移送檢察官審理。

(二)案件輕微之導正措施

若案件情節輕微，少年法院認為以不付審理為適當者，有權對少年採取導正措施：

1. 轉介兒童或少年福利或教養機構為適當之輔導。
2. 交付兒童或少年之法定代理人或現在保護少年之人嚴加管教。
3. 告誡。

除為前述處分外，並得斟酌情形，命少年向被害人道歉、立悔過書，或對被害人之損害負賠償責任。

(三)保護處分或強制治療

少年法院審理事件，認為事件不應或不宜付保護處分者，應裁定諭知不付保護處分。若有必要，則諭知下列保護處分：

1	訓誡，並得予以假日生活輔導。
2	交付保護管束並得命為勞動服務。
3	交付安置於適當之福利或教養機構輔導。
4	令入感化教育處所施以感化教育。

●筆記●

第六章

協商談判策略

1

協商談判，人性考驗的開始

■ 賠償談判難有理性

> 民國96年間歌手林○培不但無照駕駛，又因酒後駕車意外撞死林姓護士，造成林家痛失愛妻與母親。自責的林姓歌手每天到受害者靈堂上香。亡者丈夫面對跪在地上的林姓歌手，剛開始還平靜地要她好好保重身體。

這麼「溫馨」的畫面，代表問題解決了嗎？

當時，筆者從媒體中看到雙方互相「安慰」的那一幕，很理性地認為這樣有禮的相互對待，恐怕只是暫時的，當賠償金談判要跨出第一步時，人性的真正考驗才正式開始。

果不其然，隨後就有媒體報導「林○培酒駕後續　死者丈夫：她是禽獸，連喪葬費都不付」（東森新聞，民國96年6月14日）。

筆者相信雙方都同意一個論點：「再多的金錢，也無法挽回死者的生命」。但事情發生後，困難點就在於雙方當事人必須決定出一個賠償金額，這個金額又必須雙方接受，而這也通常是紛爭的開始。

總之，理性的面對，不是問題的結束，而是問題的開始。

沒誠意 V.S. 獅子大開口

林○培車禍事件的談判過程中，從一開始的喪葬費到最後的賠償金額，雙方不斷有爭議，是什麼原因，讓家屬從原本冷靜理性，變成痛罵肇事者的態度，這一百八十度的轉變，究竟原因是什麼？

其一，悲傷過度。

其二，偏離理性的賠償價格。

也或許應該說是不會開價，所以當對方所開價格與自己落差太大，就很容易造成雙方的對立。受害者會認為肇事者「沒誠意」，肇事者心中會認為受害者「獅子大開口」。

另外一位知名藝人洪○德也酒醉駕車撞死一名婦人，即使洪某多次到靈前上香，最後還是得面對賠償金的談判。由於第二次調解會上，洪某只願意拿出300萬元，與家屬要求的800萬元有相當大的落差，導致家屬也認為洪某毫無誠意之質疑。只是在媒體強烈關注下，洪某恐怕不太敢說出內心認為對方「獅子大開口」的看法。

三 豬肉理論

自己如果是被害人，通常會提出一張自認為「合理」的賠償清單，詳列各種的賠償費用，例如醫藥費5萬元，不能工作之損失5萬元，增加生活負擔費用15萬元，慰撫金25萬元，總計50萬元。但是進入調解的程序，卻會感覺自己就像是豬肉攤上的豬肉，任人宰割、隨意喊價。對方一下子喊出20萬元，一下子又用眼睛上下打量了一下自己全身，還冷冷地笑說：「有那麼嚴重嗎？又不會死？」到最後結果沒談成，還惹了一肚子悶氣。最後，雙方撂下狠話，法庭再見，又是一場漫長的訴訟紛爭。

有時候，當事人希望解決，但是第三人從中協調，卻破壞了整個氣氛。一位不善言詞的第三人，即便是調解委員，還是可能讓即將和解的案子破局，尤其是保險業務員。因為要透過「強制第三人責任險」求償，通常保險契約會規定保險公司人員要在場，否則對於調解的結果是不認帳。但是，這些保險業務員又不必負擔賠償的實質責任，還肩負著保險公司不希望賠償或儘量少賠的期待，期盼能有良好的結果，恐怕是緣木求魚。反正，保險公司能拖就拖，能不賠就不賠，法院判決要賠的時候再賠，多付一些利息錢，卻可能換來不賠的利益，所以<u>別期待有保險公司人員在場，就能夠談成</u>。

最後，被害人像豬肉一樣擺在攤上讓人品頭論足，惹了一肚子氣，甚至是有人死亡的不幸結果，對方砍價的冷漠，更是讓被害家屬心寒；加害人也以為靠保險公司就可以順利調解，到最後雙方還是法庭上見，得利的還是保險公司。

四 保險金不是賠償金嗎？

賠償金額多少才算合理？筆者認為個人傷害事件較為複雜且難以計算，死亡事件就相對單純。由於現在都有強制第三人責任險，可以降低肇事者的責任，但是因為強制險的賠償金額有上限，且金額不大，因此建議可以在強制第三人責任險之外，再加保一些額外的保險。否則，發生事故時，恐怕得從自己口袋拿出一些賠償金出來。

很多受害人認為強制保險的賠償金並不是加害人拿出來的，實際上這個觀念不全然正確。保險就是眾人以較少的金額，達到風險分散的目的，每年繳交1、2千元的強制保險費，可以在發生保險事故時，降低口袋中掏出的賠償費用，這就是保險的價值。若一定要加害人自己從口袋中掏出賠償金，保險制度又何須存在？況且，若加害人另行投保任意險，則相當高比例的賠償金額都不必支付，難道也不對嗎？

不過，這是一種心理上的感受問題，建議加害人可以另外給付一筆金額，算是道德上的懲罰或情感之補償，也算是受害人及其家屬心靈上的安撫，達到降低雙方不滿情緒發生的機率。

2 籌碼極大化策略

一 建立「籌碼評估」的能力

面對車禍事件時，首先要搞清楚事實，進行籌碼評估。不要任意地拋棄掉自己的籌碼，如果手中沒有籌碼，也要立即找出可以談判的事實及證據。

首先，當發生車禍事件時，腦中閃過的念頭，必須先自行判斷雙方的責任歸屬。簡單來說，對方錯在哪裡，自己有沒有錯，必須初步加以評估。例如後車撞前車，則後車過失比例通常較高；支幹道與主幹道發生車禍，通常支幹道的過失比例會較高。若對方又酒醉駕車、無照駕駛，則在責任判定上對己方將更為有利。

洪○德無照駕駛及酒醉駕車撞死婦人的事件，一切的錯似乎都在洪某，再加上公眾人物的身分，導致媒體的壓力源源不絕，洪○德在談判上的籌碼顯然少之又少，或許唯一的籌碼就只剩下「沒錢擺爛」了。

相較於洪○德，受害家屬的籌碼相對就多了，媒體的關注壓力、洪某的全盤認錯，以及先前林○培車禍事件的800萬元賠償金，即使調解多次仍未見結果，但最後的結果會較有利於被害家屬。（最後和解金330萬元，含保險公司代墊的150萬元）

二 確實掌握籌碼

分析哪些籌碼對自己有利後，就要立即請中立第三人協助保存這些籌碼。例如著手進行下列掌握籌碼的工作：

1	先行拍照、劃線。
2	請警方到場協助處理，若對方有酒醉駕車情況，應請求警方酒測。
3	尋找目擊證人。
4	將現場事故雙方當事人的對談紀錄加以錄音。
5	瞭解附近巷口有無攝影機。
6	刑事告訴權是否在自己身上？

如果未能適時地保存籌碼，如車子被移動位置，無法顯示後車追撞前車，或隔了幾天才製作筆錄，早就已經無法進行酒測，或是隔了幾個月才驗傷，無法證明傷勢與車禍有關，都會讓已有的籌碼白白地憑空消失。

三 蒐集對方的情報

　　商場上，蒐集情報是談判成功的關鍵因素，若是能知道對方更多的資料或底線，更有利於談判占上風，但是探知或蒐集對方的資訊，應該以合法手段為前提。例如惠普前董事長鄧恩為了瞭解董事會與記者間的關係，以竊聽的方式錄取他人的對話，東窗事發後引發喧然大波，並被驅逐出董事會，偷雞不著蝕把米，更可能負有刑事責任，那可是得不償失。

　　車禍談判也是一樣，除了現有的籌碼以外，若能瞭解對方的弱點在哪裡，進而作為談判過程中的利器，即使該弱點與談判的事件無關，也必然會有利於談判結果。

　　例如曾有某位藝人發生車禍，被害人正煩惱和解談判過程，因為200萬元的價差而僵持不下，忽然聽聞該影星最近正準備接下一場價值500萬元的代言活動，因為「形象」是能否接下該代言的重要因素，該影星或許會為了維持形象，以取得該500萬元的代言，而對於200萬元賠償金額而退讓。這就是可以適度地運用此一情報，找出對方弱點並善加運用。

　　也曾經發生一起甲女遭乙男開車撞傷的車禍事件，甲女主張自己因為車禍導致行動不便、無法工作，要求30萬的損害賠償。但是，乙男覺得甲女並沒有傷得那麼嚴重，就偷偷地拍攝甲女生活的情況，果然讓其拍到甲女跑到號子看股票，法官於是並不採信甲女的主張，僅判賠5萬元的損害賠償。

四 將自己的情報上鎖

話說這位藝人為何會同意200萬元的賠償金呢？

談判過程中，藝人的經紀人不斷地強調其知名度，暗示這麼有身分地位者絕對小心開車，肇事責任不可能全部都是該藝人，受害人一定也有責任。於是在言談之中，為了強調其知名度，不經意地又透露出最近要簽一紙代言合約，而洩露出不該說出的情報。

理性的正常人或許會說不能以此要脅對方，筆者也認為車禍事故歸車禍事故，不應該拿其他事件來做談判籌碼，甚至於還認為這樣子的行為可能成立刑法恐嚇罪。只是，實務上的許多具體個案，談判過程中未必有理性的態度，即使是理性外表下，卻也常充斥著一些不擇手段。

因此，在探知對方的籌碼過程中，也要小心自己的籌碼被得知，如果談判的過程中有其他人陪同，也要請其他人特別小心，別不經意地洩露自己的情報。最常見的是加害人已經喊窮了，旁邊的朋友卻不經意透露加害人做生意很成功，認識許多黑白兩道的朋友，讓被害人趕緊進行假扣押，並請求高額賠償金。

3 新聞一次性效應

一 基本概念

　　許多當事人或企業不喜歡在媒體上曝光，因為會影響其商譽，例如某家南部賣粽子的企業，被媒體報導原料中含有死豬肉，結果生意一落千丈。從這個角度來觀察，似乎可以擅用媒體來爭取權利，可是有一個觀念很重要，就是「新聞一次性」的效應。

　　所謂「新聞一次性」，是指媒體報導通常只有一日的生命週期，使用過一次之後，就很難再透過媒體曝光，屆時這個媒體的籌碼也就用完；其次，當事人認為既然已經曝光，也就不在乎媒體的報導。換言之，有一個觀念很重要：「籌碼是拿來談判，不是拿來使用。」

　　近年來，新聞生命週期較長的案件，當屬不倒翁托兒所負責人悶死男童事件，所方未發現男童未下車即鎖車門，下午放學才發覺男童已高溫悶死車內。因為賠償不斷跳票，更避走花蓮，媒體逐一路窮追猛打；另外一起，則是英商撞死孝子事件，因該名英商林○穎不但想要湮滅罪證、更潛逃出境，也根本不願意負擔賠償，引發輿論不滿，甚至還有談話節目以之作為節目的主題。

二 順○汽車員工私吞保險費事件

實務追緝

筆者的學生小成曾經向順○汽車購買三菱的 Virage io，並委由業務員辦理乙式保險。保險還沒到期，該公司人員即私下辦理退保，疑似私吞保險費。

小成在保險尚未到期前，因為剛好發生嚴重車禍，這麼離譜的事件才東窗事發。結果向公司調閱申請退保紀錄，發現居然只蓋個公司章就退保了，所以根本搞不清楚是誰幹的好事。

30 幾萬元的修車費用，保險公司當然不願意給付，車子已經修好了，但是卻拒絕返還。小成只好透過議員召開記者會控訴此一事件後，由於事情鬧上了媒體，順○汽車自知理虧，當然只好承認錯誤，並由保險公司負責賠償修車費用。

這件事情結束了嗎？

修車費雖然已經付了，車子也終於可以拿回來，可是小成一看到車子，覺得根本沒有完全修好，所以拒絕領車，最後順○汽車還打官司要求支付高達 30 幾萬元類似於「停車的費用」，疑似是因為不滿小成召開記者會所採取的報復行動。

官司打了很久，由於小成不懂法律而一路呈挨打的狀況，事後實在不知道該怎麼辦，一個不懂法律的人徵詢筆者的意見。剛開始也提出新聞運用以快速解決問題，可是最後小成才告訴我，早就已經開了記者會，對方現在已經「免疫」，反正對方只說一句「本案已經進入司法程序，不予置評」。

　　太早把籌碼都花光，到最後關鍵的時刻居然沒剩下半個籌碼。因此，手中有籌碼時，就應該將之發揮最大的效益，如同黔驢技窮一般，一開始踢腿嚇其他動物，但是踢了老半天，早就被別人看透了。所以開記者會應該在適當的時間召開，而非一開始就馬上召開，這時候未來的談判就不再有籌碼了，反而無法達到臨門一腳的功效。

⊟ 100 元的計程車費

　　劉必榮教授在其所著的《新世紀談判全攻略》中提到一個有趣的例了，內容是說劉教授前往北京上課，從機場搭計程車到酒店時，發現計程車司機都是一張苦瓜臉。因為排了好幾個鐘頭，如果拉到一位短程的旅客，就非常不划算。所以機場的主管機關，依據旅客目的地的遠近作一個劃分，屬於短距離者，可以再回來載客一趟，長距離者則只能載一次客。

　　劉老師的目的地剛好跨過短距離，屬於長距離的範圍，所以司機只能排一次班，但是實際上賺的錢跟短距離是差不多的，所以司機都是一副苦瓜臉。劉老師得知此事後，每次都會很大方地給些小費，只要是跳表 50、60 元人民幣者，都會直接給 100 元。

　　可是該在什麼時候給小費呢？這就是一門學問了。

　　如果是到了目的地才給，可以在到達目的地時，看到司機驚喜的表情，但是一路上卻會不斷聽到司機的抱怨。

　　如果是一開始就說會給 100 元，雖然一路上會清靜許多，但是看不到驚喜的表情。

　　這個例子的最後並沒有給一個答案。先給？後給？完全取決於自己的選擇。如果是你，會選擇哪一種呢？

　　手中的籌碼也是一樣，什麼時候拿出來，都是一種學問。

實務案例 ECFA 讓利說、服貿協議爭議

　　「兩岸經濟合作架構協議」（Economic Cooperation Framework Agreement，簡稱ECFA）簽署之後，讓兩岸經貿的往來有了新的契機，也讓臺灣在亞洲的經濟地位不會被邊緣化。

　　大陸是否利用ECFA簽署的機會，對我國進行統戰呢？後來衍生的服貿協議，是否也有一樣的問題？大多數的人應該都不會認為大陸沒有這種意圖，所以在談判的過程中，有所謂的「讓利說」，所以最後大陸開放部分臺灣的農產品進口，但是臺灣卻不必開放大陸的農產品來臺，從這個角度來觀察，大陸確實是有所謂的讓利。

　　但是，在談判的過程中，任何的讓利還是要小心，因為對方不可能平白無故地讓利。不可預期地獲利，還要小心未來可能潛在的風險。我國積存的籌碼不多，在洽談雙邊貿易事項本來就很辛苦，但是仍然要避免因為對方的讓利，而被誘入難以自拔的泥沼。

4

第三人談判

一 和事佬的價值

為了填補自身的損失，車禍損害賠償的主張，本來就是天經地義的事情。可是該主張多少金額呢？會不會被別人認為是獅子大開口？

我國傳統教育下，都是教育民眾要以德報怨、寬宏大量等。這樣子的教育並沒有什麼錯誤，只是會讓許多人爭取應有的權利時，心理上產生一些障礙，擔心別人認為自己很貪婪，而影響最後爭取權利的結果。

所以，透過第三人協助談判，可以較為中性、理性地提出合理的條件，也較不會受到情緒的影響，而阻礙談判的進度。

和事佬的價值，在於以公正第三人的立場，提出合理的賠償金額，形式上是和事佬依據其經驗提出來的賠償條件，而非被害人或其家屬「獅子大開口」的疑慮。但是，第三人的經驗就相當重要了，未必要具有法律常識，但是卻要有豐富的談判經驗，也最好能有安撫當事人心理的基本輔導功力，才能夠在「對峙性」極高的車禍談判過程中，圓滿達成任務。

二 有經驗的公正第三人

某位當事人的親人因為車禍事件而離開人間，在痛失親人之際，一時慌了思緒，不知如何處理，也不知道該怎麼提出賠償的條件。如果是你朋友發生此種不幸事件，可以幫忙找誰出來協調呢？

公正第三人的人選

葬儀社人員	怕收不到錢,有些會主動出面談判。但是對於整個法律關係的欠缺,談判結果往往是「二二六六」。
里長	里長通常都是地方上熱心公益者,但是專業性通常較為欠缺,因為屬於義務幫忙,遇到談判的瓶頸時,往往就虎頭蛇尾。
消基會、消保官	車禍事件並非消費事件,因此這些單位也愛莫能助。
調解委員會	常見的車禍解決機制,且調解的結果與法院判決有相同的效力。但並非強制性,未必他造當事人願意循此機制解決。
律師	可以花錢請律師,也能造成對方較大的壓力,但是費用較高,除非賠償金額比較高,否則成本效益不高。若已經聘請律師打官司,官司期間有意進行和解,也可以委請律師居中協調。
保險公司	車禍事件涉及保險賠償,因此常見保險公司會居中協調。但是,不要將主導權完全地交給保險公司,因為保險公司還是為了自身的利益進行談判,會因為和解條件落差過大而無法解決。
法律扶助基金會	法律扶助基金會對於弱勢者提供一些基礎的法律協助,但是仍然需要符合一定的條件,才能夠獲得相關協助。相關內容可上法律扶助基金會網站查詢,http://www.laf.org.tw/。
其他有經驗人士	平常應該認識一些「家庭法律顧問」,當發生緊急事件時,可以立刻請求諮詢或協助,這種人際關係平時就要培養與建立,切莫臨時抱佛腳。

車禍達人的見解

　　好好地培養這類人際關係，絕對值得，例如車禍事件，賠償金額動輒上百萬至上千萬元，若有人協助從中處理，將得以最小的成本獲得最大的利益。

　　人脈，是值得用心經營。隨時思考一下，你的口袋裡有能幫你談判的名單嗎？

　　如果沒有，記得多結交一些有談判能力與經驗的朋友，在你危急的時候，就能夠助你一臂之力，否則就只好自己多練習談判的技巧。

有經驗的公正第三人

○筆 記○

5

開高殺低策略

━ 拉高才能砍低

在賠償金的部分，車禍事件的一項談判原則，就是「拉高才能砍低」。雖然賠償金額有所謂的市場行情、法院行情，這些數字都可以作為參考之用，但並不是每個案例都適用。

常聽到許多人詢問，我該提出多少賠償金額？

簡單來說，可以分成兩階段，第一階段是算出實際支出的金額，例如醫藥費、復健費、不能工作之損失、往返醫院交通費、扶養費等項目，這些項目通常都是實報實銷，或者是有一定的計算公式，比較沒有談判的問題。

第二階段則是列出其他沒有一定標準的金額，以精神慰撫金為主要項目，這部分的金額通常就適用「拉高才能砍低」的原則。

但是，即便是慰撫金也仍然有「行情價」可循，可以連上司法院「法學資料檢索系統」（http://law.judicial.gov.tw），查看案件繫屬法院最近幾年的相關見解，例如可以以「車禍＆慰撫金」關鍵字，來檢索判決資料，瞭解有沒有類似案情，法院判決慰撫金的「行情」。假設找出類似案件的行情價是150萬元，則在談判過程中，可以提出180或200萬不等的價格，讓對方能提出適當的砍價。畢竟以臺灣人的習慣而言，沒有砍價的交易，可能會讓人覺得被坑的感覺。

實務案例 Lancer 汽車遭撞案

曾經有一位學生開車，遭酒醉駕車者開車撞到，人雖未受傷，但是車子已經壞了。那位學生的車子是三菱Lancer，大約8、9年的車，實際的殘值僅剩下4萬元。把所有車輛損失、精神上損害賠償等加起來，要求對方15萬元的賠償金，內心的底線則是6萬元，低於6萬元，就打官司解決。

本來對方拒絕此一條件，後來決定將和解條件提高，是要將車子修到好，還是同意前述的15萬元賠償金額，請肇事者慎重考慮；由於車子修到好的金額通常會較高，肇事者兩相權衡，最後經協商以10萬元達成和解。

如果一開始就提底線6萬，除非對方不殺價，否則對方一定會開出低於6萬元的價碼，最後和解金額也不會是10萬元。還有一點必須注意，就是價碼不能開得太誇張，要開到剛好讓對方有殺價的慾望。否則，對方寧願打官司，也不會接受所提出的價碼，恐怕官司就有得打了。

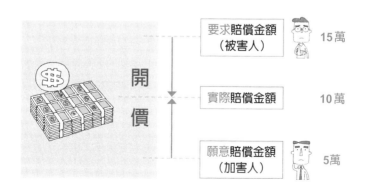

二 提高對方的時間成本

老王看上了一張很漂亮的按摩椅,第一次去看的時候,店裡的業務員小蔡熱情地招呼,詳細地介紹了一個多小時,老王表示這台按摩椅是準備送給老婆,所以要帶老婆看過,才知道適不適合。

隔了幾天,老王帶老婆再來看這張按摩椅,也請同樣的業務員小蔡介紹,小蔡又花了一個多小時仔細地介紹,老婆試用後也感覺很滿意。當小蔡詢問老王是否決定購買時,老王表示因為價格頗高,還必須請最會挑選東西的媽媽來看一下。

隔了幾天,老王又帶著媽媽來看這張按摩椅。經由業務員小蔡一個多小時的介紹,媽媽也表示還不錯。雙方開始討論價格的問題,老王表示很想買,但是感覺價格15萬9千元,實在是太高了,自己只有12萬5千元的預算。老王擺出一副要不要接受隨便你的態度,小蔡花了總計五、六個小時的時間,雖然這個價格幾乎沒有賺錢,可是為了業績上的考量,也只好忍痛接受老王的價格。

車禍事件也是一樣,<u>必須以提高成本的方式,強化對方接受我方談判條件的意願</u>。例如在協商過程中,暗示進入訴訟程序,可以有訴訟費用、律師費用,以及龐大的時間成本,未來法院判決的金額扣除前述費用與成本,與目前協商提出的條件相同,以提高和解的成功機率。

例如某甲遭某乙撞傷,某甲業已提出告訴,正與某乙洽談和解條件,開出賠償金額30萬元,某乙認為過高,只願意賠償15萬元,認為即使某甲提起民事官司,法院頂多也只是判賠20萬元,不會達到30萬元這麼高。

可是，某乙還有一個刑事官司的結果沒有算到。假設雙方無法和解，檢察官萬不得已只好將某乙起訴，即便某乙案情輕微，法院很可能判處6個月的有期徒刑，雖能易科罰金。但是，6個月(180天)易科罰金，以1天1,000元計算，就高達18萬元，加上民事賠償20萬元，加起來也有38萬元，比和解金額30萬元為高。因此，有時候如何盤算而能對自己最有利，也是一門學問。

觀念補充　易科罰金

易科罰金，是指以繳納罰金的方式代替徒刑或拘役之執行。因為刑期過短之自由刑，對於刑罰之效果難以彰顯，甚至於可能因為入獄執行而沾染惡習，所以易科罰金之制度係為救濟短期自由刑執行之弊而設，現在除了易科罰金，對於案情輕微但又沒有錢繳罰金者，可以採取易服勞動服務。

【刑法第41條第1項規定】

犯最重本刑為5年以下有期徒刑以下之刑之罪，而受6月以下有期徒刑或拘役之宣告者，得以新臺幣1千元、2千元或3千元折算1日，易科罰金。但易科罰金，難收矯正之效或難以維持法秩序者，不在此限。

至於1千元、2千元或3千元通常就是以案情的輕重來衡量，譬如第一次酒醉駕車，觸犯公共危險罪，可能輕判也能易科罰金，以1千元折算，但隨著次數增加，恐怕折算金額就變成2千元或3千元，甚至到最後檢察官認為難收矯正之效，不再讓當事人易科罰金。

6 老鄭四大心法

一 老鄭的「與荷蘭守將書」

老鄭，就是鄭成功，國中時唸過一篇文章，鄭成功的「與荷蘭守將書」，令我印象深刻，而且運用在談判協商的過程非常好用。因為這篇文章提到四個核心觀念，就是「動之以情」、「誘之以利」、「威之以武」、「喻之以理」。

話說鄭成功退守臺灣之際，臺灣正在荷蘭人的統治之下，當時鄭家軍船堅砲利，荷蘭人並非對手，可是要攻城掠地，死傷必定很大，若能不費一兵一卒而能降人之軍，才是最高策略。

所以鄭成功就寫了一封書信，書中提到這四個核心價值，分別介紹如右頁表格。

二 整合運用老鄭談判策略

車禍事件的談判協商過程，應善用前述四大法則。

談判之前，應先擬定四大法則的各種談判籌碼，說明如下：

- 動之以情：強調我方有意透過和解的機制，迅速解決車禍爭議，也降低對方正常生活受影響的程度。
- 誘之以利：例如若能夠儘速達成和解，則賠償金額可以視情況降低，以此誘使對方能夠在談判桌上達成和解。

四大法則	原 文	白話解釋
動之以情	蓋為貴國人民之性命,不忍陷之瘡痍爾。	為了保護貴國人民的性命,希望能以和平的方式解決。
誘之以利	珍瑤不急之物,悉聽而歸。	如果你願意投降,貴重之物可以讓你帶走。
	我軍入城之時,余嚴飭將士,秋毫無犯,一聽貴國人民之去。若有願留者,余亦保護之,與華人同。	我的部隊進城後,也會嚴守紀律,不會侵犯你們,更會尊重你們的意願;願意留下來的人,也會加以保護,與我國人民相同。
威之以武	執事率數百之衆,困守城中,何足以抗我軍?	你的部隊才數百人,怎麼能夠與我軍相對抗。
	若執事不聽,可樹紅旗請戰,余亦立馬以觀。	你若不聽我勸,那兩軍就開戰吧!
喻之以理	臺灣者,中國之土地也,久為貴國所踞。今余既來索,則地當歸我。	臺灣本來就是中國的土地,我來要回這塊土地,本來就應該歸還給我。

- 威之以武:若協商不成,將進入訴訟程序,絕不畏戰。若告訴權在我方,如傷害案件,更明確告知提出告訴後,可能面臨的刑事責任。

- 諭之以理:例如對方過失責任較高或負擔完全的責任,則必須明確告知對方為何要付出協商談判的賠償金額。

7 談判底線不外露原則

━ 精明的中古車商

買中古車，車子的價格有相當大的彈性，除了廣告標價之外，大多數的中古車並不會明確地標上價格。

為何有此現象？

一位開中古車行的朋友，透露不標價的原因，因為銷售車輛的價格有如談判的底線，不能輕易曝光。買車的客戶通常會先問想買的價格，如果差距太大，根本不出價，若出價的價格已經達到獲利底線，決定權就在自己手中，這時候頂多先降個幾千元，表達誠意一下，讓客戶誤以為沒什麼利潤了。

所以，從談判的心理戰角度，透露出愈少的資訊，愈有可能站在更好的決勝點。若下一次有人問你想要主張多少賠償金時？請回問說：「你願意賠償多少錢？」

老闆，我要買這台中古車。

你想要用多少錢買這台車？

⊟ 定錨效應

　　如果必須要先出價，也未必不利，因為可能會產生「定錨效應」。所謂「定錨效應」，是指在雙方都無法提出參考金額的情況下，第一個提出的賠償金額，就具有較高參考作用，其他人後續提出的價格，往往只能在最先出價的附近打轉，這就是「定錨效應」。

　　車禍事件的慰撫金，目前還沒有建立出一套具體的標準，蓋因慰撫金是內心的傷害，從外觀上很難加以估計，因為不是實報實銷，沒有單據可以佐證的前提下，當事人較難提出一個金額。

　　如果第一次的價格是由對方先提出，則會產生定錨效應。此時，我方所希望的價格差距甚大，則必須找到相關資料，作為新價格的立論基礎。例如洪○德車禍撞死人事件，洪某提出300萬元的賠償金額，理由是以一般車禍死亡賠償金額為標準，受害家屬則希望以林○培車禍撞死人事件的800萬元為標準，再進行增減。雙方提出之價格各有依據，定錨效應就不會那麼明顯。

8 提出一個合理的金額

一 如何提出一個合理的金額？

漫天開價，很難合理地解決問題。然而，合理的賠償金額也是確保自己權利的方式。本書認為在理性的基礎下，參酌實務上賠償現況，再進而考量雙方的具體情況來酌予增減，應該可以找出一個雙方能接受的數額。

以死亡案件為例，可以先行找出法院在過去3年內，類似案件的賠償金額。至於該如何找出類似案件之慰撫金，可以詢問有經驗的律師、保險公司、調解委員會，或者是連上司法院網站，查詢當地法院的車禍判決，就大概可以評估一個合理的價格。

假設過去3年，法院類似案件的慰撫金大約是200萬元，開價的時候，可以酌量增加50萬元，作為對方減少訴訟成本的費用，最後再加上50萬元，作為彈性調整費用（可供對方殺價）之用，總計300萬元。（如右上頁圖）

當然還必須視實際情況來決定提出之賠償金額，如對方的資力，假設對方是大企業主，則彈性間距自然比較大，如果對方只是一位依靠打零工維生的工人，彈性調整費用恐怕就比較小。

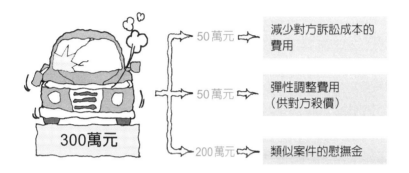

提出賠償金額之內容

50 萬元 ⇨	減少對方訴訟成本的費用
50 萬元 ⇨	彈性調整費用（供對方殺價）
200 萬元 ⇨	類似案件的慰撫金

300萬元

考量對方的賠償能力

如果提出一個賠償金額，肇事者都照單全收，也不要高興太早，因為可能對方根本沒有錢支付，一定要實際入袋為安才算數。

舉一個實際案例，學生小莉騎摩拖車遭一輛汽車從後追撞，肇事者立即下車處理，並表示要以電話聯絡朋友協助到場處理，沒想到離開後就再也不見人影，連車子都還在現場。

待警方調查後，才發現車子是租來的，肇事者是一名煙毒通緝犯。過了一陣子，其他警方將之逮捕，檢察官開偵查庭時，小莉也以被害人身分到場陳述，也談到賠償金額，開了5萬元的賠償金額，這位通緝犯也一口答應，只是到現在都還沒有賠這筆錢。實務上更有赴調解委員會調解成立，加害人賠償5,000元，但卻一毛也不願意支付，名下只有房屋一棟，為了5,000元，還要勞師動眾地辦理強制執行，而且法院會同意因為5,000元而將房子拍賣嗎？

三 分期給付賠償金

實務案例中，確實有許多情況是肇事者拿不出錢賠償，到最後除了強制責任險的賠償金，也拿不出其他錢來。因此，賠償談判還是要考量對方的實際狀況，如果現在無法賠償全部的金額，可以先提出一部分的賠償，剩餘的部分則採用「分期償還」的方式。否則，若是沒有考量對方的賠償能力，恐怕最後肇事者只能跑路，或者是兩手一攤而不願賠償。

胡自強的夫人邵曉玲車禍事件，肇事者也是一名財務狀況困窘的年輕人，由於邵曉玲一隻手截肢，已經屬於重傷的結果，可以請求的金額恐怕不會低於300萬元。

然而，胡自強夫婦並沒有請求對方賠償，或許正是考量自己以及對方的經濟因素，認為向對方請求這筆金額的意義不大，也沒有分期請求賠償之必要，於是就放棄了自己應有的權利，當然也換來大眾的尊敬。

不過，分期付款最怕的情況，就是支付了前面幾期，後面幾期就不付了。如果對方真的是財務有問題，那摸摸鼻子也就認了，可是許多人都是惡意不給付，反正名下沒有財產，不付錢又能奈他如何！況且，通常都已經撤回刑事告訴，也不必擔心被關的問題，單純民事責任，就不必那麼擔心了。

所以，分期付款有時候是不得不的最後選項，能儘量拿到全部賠償金額是最高原則，否則就可能冒著未來無法給付的風險。但如果當事人真的是惡意不付款，即便是民事官司，仍然有機會可以拘提管收，某種程度上對於惡意不給付的肇事者還是有一定的嚇阻作用。此外，賠償義務人可能家有恆產，但是現金不多，這時可以要求對方提供擔保，例如設定抵押權，以確保賠償金能順利獲得滿足。

● 車禍達人的見解

　　車禍的損害賠償目的在於回復損害、彌補傷害，以及適度地懲罰肇事者，而非以賺錢為目的。因此，爭取一個合理的賠償金額是權利，不應該爭取一個不合理且過度的賠償金額。

四 談判條件差距過大

　　很多談判失敗的主要原因，就是雙方所開的條件落差太大，雙方當事人都認為對方獅子大開口、沒誠意，但並不是每一個情況都是獅子大開口、沒誠意，只要仔細分析雙方條件的細節，可以發現還是有很多磋商的空間。

　　舉個例子，甲騎機車撞上違規的乙機車騎士，雙方均受傷，進行調解，乙要求全部賠償5萬元，甲願意賠5,000元，無法調解成功，跑來問我該如何解決？

Dr. J：5萬元包括什麼？

　甲　：醫藥費，以及不能工作之損失。

Dr. J：現場調解時有無詢問醫藥費之金額？

　甲　：無。

Dr. J：一般情況，機車均有強制第三人責任險，醫藥費通常都可以由保險給付，假設醫藥費3萬元，「不能工作之損失」就只有2萬元，2萬元及5,000元的差距就沒有那麼大，再協商一下，離協商成功的距離愈來愈近了。

　　再舉一個例子，也是甲乙兩輛機車對撞，兩人過失責任相同，但是乙傷害較為嚴重，乙請求賠償5萬元，甲認為金額過高，雙方難以協商成功，跑來問我該如何解決？

Dr. J：5萬元包括什麼？

　甲　：對方乙主張的5萬元是生活費。

Dr. J：感覺5萬元的計算標準並不清楚，可能涵括不能工作之損失、慰撫金……等，可以請對方提出「計算標準」，才能判斷有沒有刪減的空間，例如5萬元打個折變成4萬元。接著，再主張「過失相抵」，因為對象是逆向要插入車道，建議可以主張對方的過失是五成，那可以主張只賠償對方4萬的五成，就是2萬。

　甲　：這樣子有談成的機會嗎？

Dr. J：談判最好的技巧就是誠意，雙方都有誠意解決，不憑空亂喊價，當然解決的機率就高了。

第七章

交通事故之行政責任與
犯罪被害人保護法

1 國家賠償的類型

一 認識國家賠償法的制度

為了保障人民因為國家的措施所造成的損害可以得到賠償，所以我國立法通過「國家賠償法」，明文規定人民在什麼情況下可以獲得國家的賠償。

一般人常會適用國家賠償法，例如馬路挖水管，結果沒有回填好，導致機車騎士經過摔倒。不過國家賠償的標準，政府機關訂定的項目蠻奇怪的，例如下雨導致人孔蓋凸起或凹陷，必須「人孔蓋頂面與路面高、低差達5公分以上」。實在讓人難以想像，5公分，這是多麼厚的高度。當然並不是說低於5公分就不賠，只是無法推定公務員有過失，必須由被害人來舉證政府機關是有故意或過失。

二 獲得國家賠償的類型

符合下列兩種情形，就可以請求國家賠償：

(一)公務員於執行職務行使公權力時，因故意或過失不法侵害人民自由或權利者，國家應負損害賠償責任。公務員怠於執行職務，致人民自由或權利遭受損害者亦同。

(二)公有公共設施因設置或管理有欠缺，致人民生命、身體或財產受損害者，國家應負損害賠償責任。

實務案例 北二高走山事件

　　北二高3公里處旁之順向坡道，在無大雨、無地震的情況下，於民國99年4月25日突然發生走山的不幸事故，導致三輛車慘遭大量土石活埋，四人死亡的不幸結果。原本官員認為是天災，受害民眾之家屬表達強烈不滿，政府才指示交通部協助辦理國家賠償事宜。

【國家賠償法第2條】

Ⅰ 本法所稱公務員者，謂依法令從事於公務之人員。

Ⅱ 公務員於執行職務行使公權力時，因故意或過失不法侵害人民自由或權利者，國家應負損害賠償責任。公務員怠於執行職務，致人民自由或權利遭受損害者亦同。

【國家賠償法第3條第1項】

　　公有公共設施因設置或管理有欠缺，致人民生命、身體或財產受損害者，國家應負損害賠償責任。

實案追緝 漫長的 11 年等待

民國（下同）85年11月5日，一輛垃圾車超車不慎，撞傷一名女學生，導致女學生半身癱瘓。當初處理車禍事件的交通大隊員警抵達現場時，發現現場並無碎片，也沒有被害人在場。接著跑到醫院看女學生，女學生指證垃圾車車號。

過了幾天，才因被害人要提出告訴始製作筆錄，警方也才去找目擊證人。目擊證人證稱，是垃圾車超車轉彎時掃到女學生的機車，然後垃圾車上有人下車查看、攔計程車送醫。

警員據車號到焚化場看垃圾車，未見撞痕，又回到醫院問女學生「車號是否記錯？」，女學生不高興，拒絕該名警員的處理，因此沒有製作筆錄。環保局是根據黃、林兩員的最初認定，主張垃圾車沒有撞痕，垃圾車司機吳○昌並非肇事者，應是救助者。即便肇事車輛之駕駛人被高院依過失致死罪判刑6月定讞，仍堅持此一見解，民事官司的部分，一直與被害人打到最高法院定讞。

● **本案法令分析**

㈠被害人的主張

被害人原本主張1,367萬6,733元，細目如下：

1. 醫藥費：16萬8,926元。
2. 支付未來之醫療費用：100萬元。

3. 減少勞動能力：667萬6,733元，可參考「勞保傷殘給付標準表」，及被害人受傷前之身體健康狀態、工作性質及受傷後對工作操作能力有如何之影響以及其職業、年齡、再教育、再就職或轉業之可能性。

4. 精神慰撫金：600萬元，通常會審酌受傷之狀況、身分地位、經濟狀況，及加害者的狀況等一切情事。

㈡送請鑑定結果

臺北市車輛行車事故鑑定委員會鑑定結果

1. 肇事者駕駛的垃圾車：涉嫌超車未保持安全間隔。

2. 被害人駕駛的輕機車：尚未發現違規情形。

㈢最高法院的判決結果

96年12月6日，最高法院依據國家賠償法以及民法規定，判決臺北市環保局除了應賠償女學生612萬餘元之外，自89年6月29日起迄清償之日止，應按年息5%計算利息。距離車禍事件，已經11年了。

本金＋利息，大約金額如下：

$$612 + 612 \times 5\% \times 7.5 = 612 + 229.5 = 841.5（萬）$$

往好處想，就當作一筆錢存在環保局，利息也還可以，比現在郵局定存大約2.5%，還高出一倍。

● 車禍達人的見解

(一)**證人難覓**

　　本案本來沒有證人，是警方查訪店家時，到該店家購物的民眾聲稱有看到車禍，一開始還不願意做證，還表示要警方擔保生命安全才願意做證，經現場其他當地民眾不斷鼓勵，才同意製作。

(二)**國家對於加害者之求償權**

【國家賠償法第2條第3項】

　　前項情形，公務員有故意或重大過失時，賠償義務機關對之有求償權。

　　因此，若酒駕、無照駕駛等情況，應屬重大過失，國家就對於肇事的公務員有求償權。

(三)**漫長的等待**

　　事發到第一審國家賠償判決，歷經大約近4年；上訴到第二審判決，又經過了4年餘；最後，到最高法院判決，又過了3年多。訴訟過程的煎熬，非當事人實難以想像。（如右表）

車禍日期：民國（下同）85年11月5日

- 臺北地院判決
  728萬9,005元，及自88年6月8日起至清償日止按年息5%計算之利息。

  臺北地方法院88年度重國字第15號民事判決（89.10.31）

- 高等法院判決
  375萬1,676元，及自89年6月29日起至清償日止按年息5%計算之利息。

  高等法院93年重上國更㈠字第1號民事判決（94.1.27）

- 最高法院判決
  612萬餘元，及自89年6月29日起迄清償之日止，應按年息5%計算利息。

  最高法院96年度台上字第2707、2708號民事裁定。（96.12.6）

2 如何申請國家賠償

━ 如何申請國家賠償

申請國家賠償，原則上須在事件發生後2年內，向相關機關提出申請，例如捷運局施工不慎，導致道路損壞，機車騎士經過後摔倒受傷，導致民眾受傷，財產受到損失，就可以向捷運局請求國家賠償。如果相關單位不願意賠償，或拖延不肯協商，可以到地方法院提起國家賠償的訴訟。

二 協議先行程序

(一)書面協議先行主義

即國家賠償法第10條第1項規定：「依本法請求損害賠償時，應先以書面向賠償義務機關請求之。」同條第2項規定：「賠償義務機關對於前項請求，應即與請求權人協議。協議成立時，應作協議書，該項協議書得為執行名義。」

(二)協議不成提起訴訟

協議之結果有四種可能：(1)協議成立應作協議書，協議書得為執行名義。(2)拒絕賠償。(3)自請求之日起逾30日不開始協議。(4)自協議開始之日起逾60日協議不成立。（國家賠償法§11Ⅰ）除了第(1)種的情況外，其餘三種均可以向民事法院提起國家賠償訴訟。

如何申請國家賠償

Step ① 先向行政機關協議賠償。

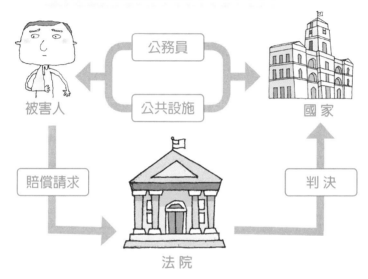

Step ② 協議不成，向民事法院提出賠償之請求。

　　因此，參酌上列圖表與法條，被害人 Step ①，應先向賠償義務機關請求。賠償義務機關接到請求權人的請求時，應該立即與請求權人協議，協議成立時，雙方應該做成協議書。被害人取得協議書後，該協議書還可以作為強制執行的名義。如果不成立，則進入到 Step ②，就是向法院提起訴訟。

接著要瞭解賠償義務機關為何？請先參閱下列法條：

【國家賠償法第9條】

依第2條第2項請求損害賠償者，以該公務員所屬機關為賠償義務機關。

依第3條第1項請求損害賠償者，以該公共設施之設置或管理機關為賠償義務機關。

賠償義務機關，可以分成兩種情況，以表格說明如下：

類　型	法　條	賠償義務機關
公務員於執行職務行使公權力時，因故意或過失不法侵害人民自由或權利者	第2條第2項 第9條第1項	公務員所屬機關
公有公共設施因設置或管理有欠缺，致人民生命、身體或財產受損害者	第3條第1項 第9條第2項	公共設施之設置或管理機關

實務案例 東星大樓倒蹋案

九二一大地震中，臺北市東星大樓傾倒造成89人死亡，因與臺北市政府協議不成，其住戶向法院申請國家賠償的訴訟，經臺北地方法院及高等法院先後分別於91年及94年判臺北市政府敗訴，認為臺北市政府工務局未能依據建築法規審查東星大樓建築執照，屬怠於行使職務，判決賠償共約4億元（3億3千萬，加計利息），創下單一案件及集體訴訟獲判國家賠償金額的最高紀錄。

三 國家賠償之方式及求償權

㈠**金錢賠償為原則**

國家負損害賠償責任者，應以金錢為之。但以回復原狀為適當者，得依請求，回復損害發生前原狀。（國家賠償法§7Ⅰ）

㈡**假處分**

依本法請求損害賠償時，法院得依聲請為假處分，命賠償義務機關暫先支付醫療費或喪葬費。（國家賠償法§11Ⅱ）

㈢**求償權**

公務員於執行職務行使公權力時，因故意或過失不法侵害人民自由或權利者，公務員有故意或重大過失時，賠償義務機關對之有求償權。（國家賠償法§2Ⅲ）受委託行使公權力之團體，其執行職務之人，或受委託行使公權力之個人有故意或重大過失時，賠償義務機關對受委託之團體或個人有求償權。（國家賠償法§4Ⅱ）

㈣**請求權之消滅時效**

1. 人民之賠償請求權：
   賠償請求權，自請求權人知有損害時起，因2年間不行使而消滅；自損害發生時起，逾5年者亦同。（國家賠償法§8Ⅰ）
2. 賠償義務機關之求償權：
   賠償義務機關之求償權，自支付賠償金或回復原狀之日起，因2年間不行使而消滅。（國家賠償法§8Ⅱ）

㈤**審判或追訴職務之公務員之侵權賠償**

有審判或追訴職務之公務員，因執行職務侵害人民自由或權利，就其參與審判或追訴案件犯職務上之罪，經判決有罪確定者，適用本法規定。（國家賠償法§13）

四 如何撰寫國家賠償請求書

　　所以，第一步是向機關請求賠償，以下提供範例乙則，可自行以Word撰寫後，提出於該機關：

《國家賠償請求書》

請求權人：○○○（填寫基本資料）

代理人：○○○（若有，填寫基本資料）

請求事項：

請求賠償請求權人新臺幣○○元。（※1）

事實及理由

一、請求權人於民國○○年○○月○○日○○時○○分，騎乘○○○──○○○機車行經貴所管理之○○道路，在○○處（※2），因為道路坑洞未填補，亦未設置警告標誌（參照證一），導致機車突然深陷坑洞內而摔倒，人傷車毀，經119勤務中心派車送往○○醫院診治，導致○○傷害（參照證二）（※3）。

二、請求權人機車損壞計新臺幣（下同）○○元，醫藥費支出及精神損害賠償計○○元，共計○○元整。（參照證三）

三、依據國家賠償法第3條第1項規定：「公有公共設施因設置或管理有欠缺，致人民生命、身體或財產受損害者，國家應負損害賠償責任。」同法第10條第1項規定：「依本法請求損害賠償時，應先以書面向賠償義務機關請求之。」故以此書請求貴機關賠償前述第二點之損失。

證據

一、道路坑道現場照片。

二、○○醫院驗傷單乙份。

三、損害賠償費用明細表、機車修理費用收據、醫藥費收據等資料各乙份。

此致

○○機關（※4）

　　　　　　　　　　　　　請求權人：○○○（簽名蓋章）

　　　　　　　　　　　　　代理人：

中　華　民　國　　○　年　　○　月　　○　日

※1：如爲請求回復原狀，請載明回復原狀之內容或程度。
※2：寫清楚事發地點，並拍照清楚，若有凹洞，可註明坑洞之深度與範圍。
※3：提出驗傷單，以證明受傷的程度，如有其他損害，也應提出相關單據證明。
※4：請寫下賠償機關全銜。

　　至於協議不成，則必須向法院提起訴訟，相關訴狀範例，可參考本書「訴訟」之內容。（第154-178頁）

3 犯罪被害人保護法

一 犯罪被害人保護法之基本概念

　　為保護因犯罪行為被害而死亡者之遺屬或受重傷者，以保障人民權益，促進社會安全，我國於民國（下同）87年5月27日公布施行「犯罪被害人保護法」，並歷經91年7月10日、98年5月27日、100年11月30日、102年5月22日及104年12月30日修正相關條文。

　　因犯罪行為被害而死亡者之遺屬或受重傷者，得申請犯罪被害補償金，由地方法院或其分院檢察署支付（必要時由高等法院及其分院檢察署）。在犯罪補償金額之範圍內，已由支付補償金之地方法院或其分院檢察署取得法定之代位求償權，被上訴人則喪失其對加害人的損害賠償請求權，不得再行向加害人主張。

犯罪被害補償金之種類	支付對象
遺屬補償金	因犯罪行為被害而死亡者之遺屬
重傷補償金	因犯罪行為被害而受重傷者
性侵害補償金	支付因性侵害犯罪行為而被害者。

註：補償金應一次支付，但得因申請人之申請分期支付。

書面申請補償程序

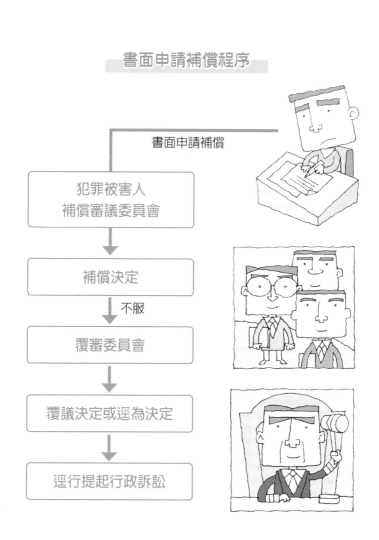

書面申請補償

犯罪被害人
補償審議委員會

↓

補償決定

不服
↓

覆審委員會

↓

覆議決定或逕為決定

↓

逕行提起行政訴訟

請求權時效

申請犯罪被害補償金者,應以書面向犯罪地之審議委員會為之。審議委員會,全名為「犯罪被害人補償審議委員會」,由地方法院及其分院檢察署所設置。申請補償金,自知有犯罪被害時起已逾2年或自犯罪被害發生時起已逾5年者,不得為之。

遺囑補償金的申請順序

第2至4順位之祖父母、孫子女及兄弟姊妹申請「因被害人死亡致無法履行之法定扶養義務」時,以依賴被害人扶養維持生活者為限。

順序	親屬
1	父母、配偶及子女
2	祖父母
3	孫子女
4	兄弟姊妹

犯罪賠償金之減除

依本法請求補償之人,已受有損害賠償給付、依強制汽車責任保險法或其他法律規定得受之金錢給付,應自犯罪被害補償金中減除之。例如,車禍事件中,被害人已經向「財團法人汽車交通事故特別補償基金」請求補償金,則在已經請求的範圍不得再行請求。

五 補償項目及最高金額

犯罪被害補償金補償之項目總共有五種，其最高金額列表如下：

補償項目	補償最高金額
被害人受傷所支出之醫療費	40萬元
被害人死亡所支出之殯葬費	30萬元
被害人死亡致無法履行之法定扶養義務	100萬元
受重傷或性侵害犯罪之被害人所喪失或減少之勞動能力或增加之生活上需要	100萬元
精神慰撫金	40萬元

註：未成年人申請因「被害人死亡致無法履行之法定扶養義務」之補償
　　項目，於其成年前，其補償金額得委交犯罪被害人保護機構信託管
　　理，分期或以其孳息按月支付之。

4 行政責任

■ 什麼是行政責任

交通事故的「行政責任」，是指交通事故發生過程中，肇事人有違反道路交通管理處罰條例等法令之不當行為，依法應接受罰鍰、記點、講習、吊照等行政罰的責任。

■ 行政責任的種類

㈠吊銷駕駛執照

吊銷駕駛執照，是指駕駛人因為違反規定，其駕駛執照失其效力，不得再行駕駛汽機車。例如因酒醉駕車而肇事致人重傷或死亡者，依據道路交通管理處罰條例第35條規定，吊銷其駕駛執照。

㈡吊扣駕駛執照

吊扣駕駛執照，是指因駕駛人因違反規定，被主管機關科處一段期間內不得駕駛車輛。例如酒醉駕車，因而肇事致人受傷者，違反道路交通管理處罰條例第35條規定，應吊扣其駕駛執照2年。

㈢吊扣汽車牌照

吊扣汽車牌照，是針對車輛而非駕駛人。例如汽車駕駛人，連續駕車超過8小時經查屬實，或患病足以影響安全駕駛者，處新臺幣1,200元以上2,400元以下罰鍰，並禁止其駕駛；如應歸責於汽車

所有人者，得吊扣其汽車牌照3個月。換言之，這台車不能上路3個月。

㈣罰鍰

　　汽車駕駛人肇事如有違反道路交通管理處罰條例之行為，應依法科處罰鍰。例如酒醉駕車，酒精濃度超過規定標準者，依據道路交通管理處罰條例第35條規定，處以1萬5千元以上6萬元以下罰鍰，並當場移置保管該汽車及吊扣其駕駛執照1年。

㈤記點

　　記點，是指汽車駕駛人違反道路交通管理處罰條例時，以記點方式處罰，累積一定點數時，得處以吊扣或吊銷駕照等處罰。

　　例如依據道路交通管理處罰條例第53、63條規定，汽車駕駛人，行經有燈光號誌管制之交岔路口闖紅燈者，除了處新臺幣1千8百元以上5千4百元以下罰鍰外，並違規記點。

㈥講習

　　講習，就是接受交通安全的再教育。例如依據道路交通管理處罰條例第21條規定，未滿18歲之汽車駕駛人，未領有駕駛執照駕駛小型車或機器腳踏車，除處新臺幣6千元以上1萬2千元以下罰鍰，並當場禁止其駕駛外，汽車駕駛人及其法定代理人或監護人，應同時施以道路交通安全講習。

☰ 行政責任之處理

　　交通事故現場處理完畢,肇事駕駛人如有肇事責任待查,處理人員當場即依規定扣留肇事駕駛人相關證照,並發給代保管物件臨時收據。處理單位應於15日查明肇事駕駛人是否有違反「道路交通管理處罰條例」規定,如有違反者,應另行以「違反道路交通管理事件通知單」舉發。

　　駕駛人的行政責任與刑事責任依「道路交通管理處罰條例」第10條規定應分別處理。例如肇事致人於死並逃逸,刑事責任部分移送地檢署偵辦,行政責任則逕由公路主管機關或警察機關依規定處罰。

附　錄

A. 【固定資產耐用年數表】

第二類 交通及運輸設備 第三項 陸運設備			
號碼	細目		耐用年數
2031	鐵路車輛	機車、客車、貨車	15年
		其他	10年
2032	鐵路軌道		10年
2033	纜車		5年
2034	電車、鋼索式車、架空索道鐵運器		10年
2035	汽車	運輸業用客車、貨車	4年
		其他業用客車、貨車	5年
2036	貨櫃及拖車架、起重車輛、堆高機、堆土機與採石機、掃街車、車輛式電動地板擦洗機及掃地機、其他特種車輛		5年
2037	機器腳踏車及其他		3年

B. 【車輛行車事故鑑定及覆議作業辦法】

民國102年 09 月 10 日 修正

	第一章　總則
第1條	本辦法依公路法第六十七條第二項規定訂定之。
第2條	交通部公路總局各區車輛行車事故鑑定會及直轄市政府車輛行車事故鑑定委員會（以下簡稱鑑定委員會）辦理行車事故鑑定業務；交通部公路總局車輛行車事故鑑定覆議會及直轄市政府車輛行車事故鑑定覆議委員會（以下簡稱覆議委員會）辦理行車事故鑑定覆議業務，依本辦法辦理。
	第二章　鑑定
第3條	鑑定委員會受理行車事故鑑定以經警察機關處理，並經行車事故當事人或其繼承人或法定代理人、車輛所有人申請，或經現場處理機關移送、司（軍）法機關囑託為限。但下列案件不予受理鑑定： 一、鑑定案件進入司（軍）法機關訴訟程序中，且非經各該機關囑託者。 二、當事人申請或警（憲）機關移送之案件距肇事日期逾六個月以上。但因天災或其他不可歸責之事由而遲誤該期限者，不在此限。 三、非屬道路交通管理處罰條例第三條第一款所指道路範圍之行車事故案件。 四、已鑑定之行車事故案件。
第4條	鑑定委員會受理行車事故鑑定案件，經分案後其會前作業程序如下： 一、應先分析研判案情，必要時進行現場會勘及資料蒐集。 二、必要時得函請處理機關及相關機關（構）提供有關資料，於十日內將資料送達。逾期未送達者，函請儘速補送。 三、最後製作案情摘要及印（繪）製現場圖分送各委員先行研究。
第5條	鑑定委員會主任委員不能出席會議時，由出席委員互推一人擔任會議主席。鑑定委員會應有二分之一以上委員出席，並經出席委員過半數之同意，始得決議。

第6條	鑑定委員會舉行鑑定會議時，應書面通知當事人列席，並得視案情需要邀請下列人員列席： 一、車輛所有人及關係人。 二、現場目擊證人。 三、現場處理之憲警單位人員及相關機關（構）人員。 四、專家學者。 五、其他有關機關之專業人員。 開會時主席及委員應態度和藹，並給予當事人以充分陳述之機會。 第一項之當事人死亡或因特殊事故不能列席鑑定會議時，得由其家屬或檢具委託文件之代理人列席；當事人、代理人或家屬均不能列席時，鑑定委員會得採用其他有關人員之陳述或有關資料逕行鑑定，但案情重大或情節欠明者不在此限。 第一項之當事人之法定代理人、配偶、直系或三親等內旁系血親或家長、家屬於申請鑑定後，得向鑑定委員會以書面或於鑑定會議以言詞陳明為當事人之輔佐人，惟死亡車禍案件，得以相關公益社團之代表人為當事人之輔佐人。輔佐人得在鑑定會議陳述意見。
第7條	鑑定會議程序如下： 一、主席報告出席委員人數及宣布開會。 二、按議程編列順序逐案進行鑑定。 三、案件鑑定程序如次： 　（一）承辦單位必要時並得請現場處理之憲警單位人員或相關機關（構）人員說明案情。 　（二）各方當事人報告事故經過情形。 　（三）列席人員補充說明。 　（四）出席委（職）員及列席專家學者對案情有疑義時，應及時提出詢問，由當事人或有關人員說明解答，必要時實施勘驗及檢驗，並作成紀錄附卷備查。 　（五）現場目擊證人報告。 　（六）列席專家學者報告。 　（七）出席委員閱覽相關資料並聽取上述相關人員報告後，就案情研判事故原因，提出鑑定意見。 　（八）主席歸納委員鑑定意見作成結論，徵求委員同意後列入紀錄，委員並在紀錄上親自簽署，作為製作鑑定意見書之依據。 四、委員意見不同時，以多數委員共同意見作成結論。但應將不同意見併同敘明。 列席人員之入場及退席順序由主席視需要定之。 鑑定案件不得作成二個以上之不同結論，若無法做成結論，由工作人員針對各委員意見再調查分析，提下次會議討論。如資料欠缺無法鑑定事故原因時，得不予鑑定或作成分析意見回復囑託者及當事人參考。

第8條	鑑定意見書應載明下列事項： 一、囑託（申請）者。 二、當事人。 三、一般狀況。 四、肇事經過。 五、肇事分析：駕駛行為、佐證資料、路權歸屬、法規依據。 六、其他。 七、鑑定意見。 前項鑑定意見內容應加註下列肇事主次因說明： 一、雙方當事人僅一方有過失者，以肇事原因表示之，另一方以無肇事因素表示之。 二、雙方均有過失，且過失程度相同者，以同為肇事原因表示之。 三、雙方均有過失，但過失程度不同者，較重之一方以為肇事主因表示之；較輕之一方以為肇事次因表示之。 無法做成決議時，得將分析意見提供囑託之司（軍）法機關或申請人參考。
第9條	鑑定案件應自受理之翌日起二個月內鑑定完竣，並將鑑定意見書通知申請人或移送囑託機關，並以副本連同鑑定意見書抄送相關鑑定委員會各委員、憲警處理單位、各當事人及關係人。 因特殊事故，未能於前項期限完成鑑定者，得予延長，延長以一次為限，最長不得超過二個月，並通知申請人、移送或囑託機關。 前二項鑑定案件，如為偵查中案件，得依該管檢察官書面要求，不副知當事人及關係人。
第10條	為明確告知當事人申請覆議程序，鑑定意見書內應載明「當事人對於鑑定委員會之鑑定有異議時，得於收受鑑定意見書之翌日起三十日內敘明理由向該管車輛行車事故鑑定覆議委員會申請覆議，但以一次為限。其已進入司（軍）法程序者，應向審理該案之司（軍）法機關聲請轉送車輛行車事故鑑定覆議委員會覆議」。

第三章　鑑定覆議

第11條	當事人或其繼承人或其法定代理人、車輛所有人對於鑑定委員會所作鑑定意見有異議時，得向該委員會轄區覆議委員會申請覆議，對於鑑定覆議不得再申請覆議。覆議案件其已進入司（軍）法程序者，應向審理該案之司（軍）法機關聲請轉送覆議委員會覆議。 鐵公路混合性行車肇事案件鑑定事項，由交通部公路總局車輛行車事故鑑定覆議會受理。
第12條	覆議委員會受理行車事故鑑定覆議案件，經分案後其會前作業程序如下： 一、應先分析研判案情，必要時進行現場會勘及資料蒐集。 二、必要時得函請處理機關及相關機關（構）提供有關資料，於十日內將資料送達。逾期未送達者，函請儘速補送。 三、最後製作案情摘要及印（繪）製現場圖分送各委員先行研究。

第13條	覆議委員會主任委員不能出席會議時,由出席委員間互推一人擔任會議主席。 覆議委員會應有二分之一以上委員出席始得召開。每一覆議案件須經出席委員過半數同意,始得決議。 覆議會議對原鑑定意見如有疑問或異議需作重大變更時,得通知原鑑定單位派員列席說明。 覆議會議以書面審查為原則,必要時得通知第六條第一項所訂列席人員列席說明,並給予充分陳述之機會。
第14條	鑑定覆議會議程序如下: 一、主席報告出席委員人數及宣布開會。 二、按議程編列順序逐案進行鑑定覆議。 三、案件鑑定覆議程序如次: 　　㈠承辦人員宣讀案情分析。 　　㈡當事人及相關列席人員說明。 　　㈢委員核對現場資料照片並研判原鑑定意見。 　　㈣出席委(職)員及列席專家學者對案情有疑義時,應及時提出詢問,由當事人或有關人員說明解答,必要時實施勘驗及檢驗,並作成紀錄附卷備查。 　　㈤出席委(職)員於瞭解案情後,請有關之列席人員退席。 　　㈥列席專家學者報告。 　　㈦出席委員閱覽相關資料並聽取上述相關人員報告後,就案情研判事故原因,提出鑑定意見。 　　㈧主席歸納委員鑑定意見作成結論,徵求委員同意後列入紀錄,委員並在紀錄上親自簽署,作為製作鑑定覆議意見書之依據。 四、委員意見不同時,以多數委員共同意見做成結論。但應將不同意見併同敘明。 列席人員之入場及退席順序由主席視需要定之。 鑑定覆議案件不得作成二個以上之不同結論,如無法作成結論時,由工作人員針對各委員意見再調查分析,提下次會議討論。
第15條	鑑定覆議意見書應載明下列事項: 一、囑託(申請)者。 二、當事人。 三、一般狀況。 四、肇事經過。 五、肇事分析:駕駛行為、佐證資料、路權歸屬、法規依據。 六、其他。 七、鑑定覆議意見。

第15條	前項鑑定覆議意見內容應加註下列肇事主次因說明： 一、雙方當事人僅一方有過失者，以肇事原因表示之，另一方以無肇事因素表示之。 二、雙方均有過失且過失程度相同者，以同為肇事原因表示之。 三、雙方均有過失但過失程度不同者，較重之一方以肇事主因表示之，較輕之一方以肇事次因表示之。 鑑定覆議意見如維持原鑑定意見，則鑑定覆議意見書得以同意原鑑定意見表示之。 無法做成決議時，得將分析意見提供囑託之司（軍）法機關或申請人參考，並副知原鑑定單位。 鑑定覆議結論應在覆議會議後儘速回復囑託之司（軍）法機關或申請人參考，並副知原鑑定單位及其他當事人。
第16條	鑑定覆議案件應自受理之翌日起二個月內完成鑑定覆議。但因特殊事故，未能於二個月期限完成者，得予延長，延長以一次為限，最長不得超過二個月，並通知囑託機關或申請人。
第三章　附則	
第17條	鑑定委員會委員及覆議委員會委員應獨立公正處理鑑定案件。其有下列各款情形之一者，應自行迴避，不自行迴避者，當事人得請求其迴避： 一、委員為當事人者。 二、委員現為或曾為當事人之配偶、八親等內之血親、五親等內之姻親或家長、家屬者。 三、委員與當事人間訂有婚約者。 四、委員與當事人間現有或曾有僱傭或代理關係者。 五、委員與當事人之代理人或重要證人間現有或曾有僱傭或代理關係者。 六、有其他情形足使當事人認其有不能獨立公正執行職務之虞者。 前項當事人請求鑑定委員會委員或覆議委員會委員迴避者，應於知悉迴避原因後在鑑定委員會或覆議委員會做成意見書前，以言詞或書面敘明理由向鑑定委員會或覆議委員會提出，鑑定委員會或覆議委員會應於十日內做成決定。
第18條	鑑定委員會及覆議委員會所提供之現場勘查紀錄表、資料摘要報告表、鑑定意見書、鑑定覆議意見書、鑑定會議紀錄及意見簽署表、鑑定覆議會議紀錄及意見簽署表等相關表格文件格式如附件一至六。
第19條	鑑定委員會及覆議委員會之轄區範圍及其受理申請窗口等資訊，由該管主管機關公告之。
第20條	本辦法自發布日施行。

C. 【補償金申請須知】

適用對象：適用於98年3月1日前發生之汽車交通事故
資料來源：財團法人汽車交通事故特別補償基金，
　　　　　http://www.mvacf.org.tw/

Q：什麼人可以申請補償？

　　汽、機車發生車禍致他人受傷或死亡，若該肇事的汽、機車肇事逃逸或沒有投保強制汽車責任保險（包括拼裝車、農用車等）或雖有投保但未經同意使用（例如失竊車肇事）時，除少數特殊情況外（例如自摔或自撞電桿或酒醉駕車所致），該受傷者，或死亡者的遺屬可向特別補償基金申請補償。

一、受傷或殘廢時：請求權人為本人。

二、死亡時：由死者的配偶、父母、子女全體（第一順位）為請求權人，沒有第一順位遺屬時，由祖父母包括外祖父母（第二順位）為請求權人，沒有第一及第二順位遺屬時，由孫子女（第三順位）為請求權人，沒有第一、第二、第三順位遺屬時，由兄弟姐妹（第四順位）為請求權人。

Q：到那裡可以申請？

　　特別補償基金已委託辦理強制汽車責任保險之各產物保險公司辦理補償業務，請直接向各地產物保險公司總分支機構洽辦申請手續。

Q：申請補償金需要那些文件？如何取得？

需要檢附的文件	取得方法及補充說明
1. 請求權人的身分證或駕駛執照	
2. 受害人死亡後所申領之全戶戶籍謄本及除戶戶籍謄本。	可向各地戶政事務所申請，若請求權人不同戶時，各別的戶籍謄本應一併提供。
3. 道路交通事故當事人登記聯單、現場圖、照片、道路交通事故初步分析研判表	當事人登記聯單是由交通事故處理單位提供，另現場圖、照片或初步分析研判表請向各分局或交通隊申請。
4. 合格醫師開立的診斷書	向就診的醫院申請，若於不同醫院就診時，各醫院診斷書都要申請。申請殘廢給付應檢附文件，另請參考殘廢申請的說明。
5. 醫療費用收據或憑證	詳如後列醫療費用應檢附的憑證。
6. 受害人死亡的證明文件	如醫院出具的死亡證明書或地檢署出具的相驗屍體證明書。
7. 自損害賠償義務人獲有賠償之文件	如法院的判決、和（調）解書。
8. 金融機構帳戶之存摺封面影本	補償金以匯款方式給付者才需要提供。
9. 委託他人代理申請時，由全體請求權人出具之委託書	代理人並請出具身分證明文件。

其他應附的文件包括：10. 特別補償基金補償金申請書　11. 未獲有損害賠償義務人賠償之聲明書　12. 汽車交通事故特別補償基金收據暨行使代位權告知書　13. 同意查閱病歷聲明書　14. 同意複檢聲明書等文件，可於特別補償基金網站下載或申請時向保險公司索取使用。

Q：補償金給付金額為何？申請殘廢或死亡給付時，可否同時申請醫療費用給付？（101年3月1日零時以後發生之汽車交通事故適用）

◎傷害醫療費用給付：每人最高以20萬元為限。

◎殘廢給付：殘廢程度分為15等級200項，金額從5萬元至200萬元不等，若受害人同時有相關之醫療費用，可一併申請，合計最高220萬元。

◎死亡給付：每人死亡給付為200萬元，受害人死亡前之相關醫療費用，可一併申請，合計最高220萬元。

Q：受傷時，申請醫療費用的項目有那些？應提供那些資料？

（以下適用於98年3月1日以後發生的交通事故，若給付標準修正時，依修正後之規定辦理：）

項目	補償金額	檢附的憑證
一、急救費用		
1. 救助搜索費	必須且合理之實際支出	急救費用收據
2. 救護車及隨車醫護人員費用。		
二、診療費用		
㈠受害人以全民健康保險之被保險人診療者		
1. 屬於全民健保範圍給付之項目	由受害人依法應自行負擔之費用（即部分負擔）	1. 診斷證明書 2. 就診醫療機構出具之醫療費用收據，如為影本，應加蓋與正本相符及醫療機構收據專用章。
2. 掛號費		
3. 診斷證明書費以申請補償之必要者為限。	以申請補償之必要者為限。	
4. 住院之病房費差額	所住病房與健保病房之差額，每日以1,500元為限。	
5. 膳食費	每日以180元為限。	限於住院期間，免附收據。

項目	補償金額	檢附的憑證
6.義肢器材及裝置費	每一上肢或下肢，以5萬元為限。	1.檢附支出憑證。 2.義肢器材及裝置費為超出全民健康保險給付部分。
7.義齒器材及裝置費	每缺損一齒以1萬元為限。但缺損五齒以上者，以5萬元為限。	
8.義眼器材及裝置費	每顆以1萬元為限。	
9.其他經醫師認為治療上必要之醫療材料（含輔助器材費用）及非具積極性治療之裝具	以2萬元為限。	
(二)受害人非以全民健康保險之被保險人診療者		
全部診療費用。	1.依全民健康保險緊急傷病自墊醫療費用核退辦法規定急診、門診治療日或出院日前一季之平均費用標準支付。但醫療費用收據低於該標準時，依收據金額認定。 2.若提供全民健保給付項目及費用之證明文件時，比照以全民健保之被保險人診療者之規定核付。	1.醫療費用收據。 2.該平均費用標準可於中央健康保險局網站取得。
三、接送費用		
受害人於合格醫療院所，因往返門診、轉診或出院之合理交通費用。	1.轉診交通費用依診斷書之記載轉診需要核付。 2.往返門診之合理交通費用，以搭乘計程車自住家往返醫院所付交通費計算，以2萬元為限。	1.診斷證明書。 2.提供醫療費用單據，俾憑計算。 3.以合理必要為限，自用車亦可比照辦理。
四、看護費用		
受害人於住院期間因傷情嚴重所需之特別護理費及看護費等。但居家看護以經合格醫師證明確有必要者為限。	1.普通病房之看護費用，除聘請看護人員之外，若由親屬看護時，仍得申請。 2.每日以1,200元為限，但不得逾30日。	1.看護人出具的收據。 2.若由親屬看護，請提供記載擔任看護親屬之姓名、親屬身分關係、地址、及看護期間之書面說明代替。

Q：受害人受傷後符合什麼情況才可申請殘廢給付？應該提供那些資料？

殘廢係指受害人因汽車交通事故致身體傷害，經治療後症狀固定，再行治療仍不能期待治療效果，並經合格醫師診斷為永久不能復原及符合強制汽車責任保險殘廢給付標準表規定之狀況。

摘除器官、截肢或牙齒掉落等項目，於該手術完成後，即可檢附診斷證明書申請殘廢等級。其他障礙情形，一般須治療1年以上始可認定殘廢，故須檢附滿1年以上最新診斷書及視需要之X光片與病歷資料。

若請求權人已請領勞工保險或農民健康保險之殘廢給付，可先檢附勞工保險局之核定通知書正本供參，據以認定是否參照該局審定之殘廢等級。

● 特別注意事項

一、如果有保險黃牛主動要求替你申請補償金而收取高額的代辦費，請不要受騙上當，因補償的項目及金額都有法令明文規定，如果對補償金額有疑義時，還有申訴調處制度為你主持公道。

二、如果保險黃牛以不實的文件申請，你也可能受他連累而負擔刑責。

D. 【強制汽車責任保險給付標準】

第1條	本標準依強制汽車責任保險法（以下簡稱本法）第27條第2項規定訂定之。 財團法人汽車交通事故特別補償基金（以下簡稱特別補償基金）依本法規定為補償時，除第2條第6項規定外，準用本標準之規定。
第2條	受害人因汽車交通事故致身體傷害，強制汽車責任保險（以下簡稱本保險）之保險人依本法規定為傷害醫療費用給付時，以其必須且合理之實際支出之相關醫療費用為限。但每一受害人每一事故之傷害醫療費用給付總額，以新臺幣20萬元為限。 前項所稱之相關醫療費用，指下列各款費用： 一、急救費用：指救助搜索費、救護車及隨車醫護人員費用。 二、診療費用： ㈠受害人以全民健康保險之被保險人診療者，包括下列： 　1.全民健康保險法所規定給付範圍之項目及受害人依法應自行負擔之費用。 　2.非全民健康保險法所規定給付範圍之項目，以病房費差額、掛號費、診斷證明書費、膳食費、自行負擔之義肢器材及裝置費、義齒或義眼器材及裝置費用，及其他經醫師認為治療上必要之醫療材料（含輔助器材費用）及非具積極治療性之裝具所需費用為限。 ㈡受害人非以全民健康保險之被保險人診療者，其診療費用不得高於行政院衛生署所訂全民健康保險緊急傷病自墊醫療費用核退辦法規定急診、門診治療日或出院日前一季之平均費用標準。但請求權人就其全部診療費用，提供該全民健康保險給付項目及費用之證明文件時，得按受害人以全民健康保險之被保險人診療者之規定核付。 三、接送費用：指受害人於合格醫療院所，因往返門診、轉診或出院之合理交通費用。 四、看護費用：指受害人於住院期間因傷情嚴重所需之特別護理費及看護費等。但居家看護以經合格醫師證明確有必要者為限。 前項第二款所規定診療費用，其限額如下： 一、自行負擔之病房費差額：指受害人於合格醫療院所接受住院治療期間支付之病房費用，每日以新臺幣1,500元為限。

第2條	二、膳食費：指前款在醫療院所住院期間之膳食費用，每日以新臺幣180元為限。 三、自行負擔之義肢器材及裝置費：每一上肢或下肢以新臺幣5萬元為限。 四、義齒器材及裝置費：每缺損一齒以新臺幣1萬元為限。但缺損五齒以上者，合計以新臺幣5萬元為限。 五、義眼器材及裝置費：每顆以新臺幣1萬元為限。 六、其他非全民健康保險法所規定給付範圍之醫療材料（含輔助器材費用）及非具積極治療性之裝具：以新臺幣2萬元為限。 第2項第3款所規定往返門診之合理交通費用，以新臺幣2萬元為限。 第2項第4款所規定之看護費用，每日以新臺幣1,200元為限，但不得逾30日。 受害人接受全民健康保險提供之給付，由全民健康保險之保險人依全民健康保險法第82條規定，向本保險之保險人代位請求。但其代位金額以新臺幣20萬元扣除本保險保險人給付請求權人金額後之餘額為限。 特別補償基金依本法規定為傷害醫療費用給付之補償時，不包括全民健康保險之給付金額。
第3條	受害人因汽車交通事故致身體殘廢，其殘廢程度分為十五等級，各殘廢等級及開具殘廢診斷書之醫院層級或醫師，依附表強制汽車責任保險殘廢給付標準表（以下簡稱殘廢給付標準表）之規定。 本保險所稱殘廢，指受害人因汽車交通事故致身體傷害，經治療後症狀固定，再行治療仍不能期待治療效果，並經合格醫師診斷為永久不能復原之狀態；或經治療一定期間以上尚未痊癒，並經合格醫師診斷為永不能復原之狀態。 前項所定一定期間以1年為原則，但殘廢給付標準表另有規定者，從其規定。 第一項各等級殘廢程度之給付標準如下： 一、第一等級：新臺幣200萬元。 二、第二等級：新臺幣160萬元。 三、第三等級：新臺幣140萬元。 四、第四等級：新臺幣123萬元。 五、第五等級：新臺幣107萬元。 六、第六等級：新臺幣90萬元。 七、第七等級：新臺幣73萬元。 八、第八等級：新臺幣60萬元。 九、第九等級：新臺幣47萬元。 十、第十等級：新臺幣37萬元。

第3條	十一、第十一等級：新臺幣27萬元。 十二、第十二等級：新臺幣17萬元。 十三、第十三等級：新臺幣10萬元。 十四、第十四等級：新臺幣7萬元。 十五、第十五等級：新臺幣5萬元。
第4條	受害人因汽車交通事故致身體殘廢時，本保險之保險人依下列規定審核辦理： 一、受害人身體遺存障害，符合殘廢給付標準表之任一項目時，按各該項目之殘廢等級給與之。 二、受害人身體遺存障害，同時符合殘廢給付標準表二項目以上時，除依下列各款規定辦理外，按其最高殘廢等級給與之。 三、受害人身體遺存障害，同時符合殘廢給付標準表之第十四等級至第一等級間二項目以上時，按其最高殘廢等級再升一等級給與之。但最高等級為第一等級時，按第一等級給與之。 四、受害人身體遺存障害，同時符合殘廢給付標準表之第八等級至第一等級間二項目以上時，按其最高殘廢等級再升二等級給與之。但最高等級為第二等級以上時，按第一等級給與之。 五、受害人身體遺存障害，同時符合殘廢給付標準表之第五等級至第一等級間二項目以上時，按其最高殘廢等級再升三等級給與之。但最高等級為第三等級以上時，按第一等級給與之。 六、依第3款至第5款規定所審核之殘廢給付，超過各該等級殘廢分別計算後之合計額時，應按其合計額給與之。
第5條	受害人因汽車交通事故，致原有殘廢程度加重，應按加重之殘廢等級給付標準扣除原殘廢給付標準給與之。 受害人因同一交通事故已受領殘廢給付，後因原障害部位惡化而加重殘廢程度或死亡者，比照前項扣除已領殘廢給付方式給與之。
第6條	受害人因汽車交通事故致死亡者，其死亡給付為每1人新臺幣200萬元。
第7條	受本保險每次因汽車交通事故致每1人死亡給付、殘廢給付及傷害醫療費用給付之金額，合計最高以新臺幣220萬元為限。
第8條	本保險之保險人對於殘廢等級認定有疑義時，得要求受害人提供甲種診斷書或至經中央衛生主管機關公告並依法評鑑合格之地區教學醫院以上之醫院，予以檢驗查證，所生費用，由保險人負擔之。
第9條	本標準自發布日施行。（中華民國101年2月24日修正發布條文，自101年3月1日施行）

《圖解法學緒論》

法學緒論難讀易混淆
圖例解析一次就看懂

　　法學緒論難以拿高分最大的問題在於範圍太廣，憲法、行政法、民法、刑法這四科，就讓人望而生畏、頭暈目眩了。筆者將多年分析的資料整理起來，將歷年菁華考題與解析集結成冊，讓讀者能隨時獲得最新的考題資訊。

《圖解行政法》

行政法體系龐雜包羅萬象
圖解行政法一本融會貫通

　　本書以考試實務為出發點，以理解行政法的概念為目標。輔以淺顯易懂的解說與一看就懂的圖解，再加上耳熟能詳的實例解說，讓你一次看懂法條間的細微差異。使你實力加分，降低考試運氣的比重，那麼考上的機會就更高了。

《圖解憲法》

憲法理論綿密複雜難懂
圖例解題讓你即學即用

　　反省傳統教科書與考試用書的缺點，將近年重要的憲法考題彙整，找出考試趨勢，再循著這條趨勢的脈絡，參酌憲法的基本架構，堆疊出最適合學習的憲法大綱，透過網路建置一套完整的資料增補平台，成為全面性的數位學習工具。

最深入淺出的國考用書

《圖解民法》

民法千百條難記易混淆
分類圖解後馬上全記牢

　　本書以考試實務為出發點,由時間的安排、準備,到民法的體系與記憶技巧。並輔以淺顯易懂的解說與一看就懂的圖解,再加上耳熟能詳的實例解說,讓你一次看懂法條間的細微差異。

《圖解刑法》

誰說刑法難讀不易瞭解?
圖解刑法讓你一看就懂!

　　本書以圖像式的閱讀,有趣的經典實際案例,配合輕鬆易懂的解說,以及近年來的國家考試題目,讓讀者可將刑法的基本觀念印入腦海中。還可以強化個人學習的效率,抓準出題的方向。

《圖解刑事訴訟法》

刑事訴訟法程序易混淆
圖解案例讓你一次就懂

　　競爭激烈的國家考試,每一分都很重要,不但要拼運氣,更要拼實力。如果你是刑事訴訟法的入門學習者,本書的圖像式記憶,將可有效且快速地提高你的實力,考上的機率也就更高了。

《圖解國文》

典籍一把抓、作文隨手寫
輕鬆掌握國考方向與概念

　　國文,是一切國家考試的基礎。習慣文言文的用語與用法,對題目迎刃而解的機率會提高很多,本書整理了古文名篇,以插圖方式生動地加深讀者印象,熟讀本書可讓你快速地掌握考試重點。

《刑事訴訟》

　　刑事訴訟法並不是討論特定行為是否成立刑法罪名的法律，主要是建立一套保障人權、追求正義的調查、審判程序。而「第一次打官司就OK！」系列，並不深究學說上的理論，旨在如何讓讀者透過圖解的方式，快速且深入理解刑事訴訟法的程序與概念。

《民事訴訟》

借出去的錢要不回怎麼辦？
民事官司要注意哪些細節？

　　一本好的民事訴訟工具書，除了要讓讀者知道訴訟的相關知識，更要知道如何善用知識內、活用案例，立即解決所面臨的問題，讓你第一次打民事官司就OK!

《車禍資訊站》

車禍糾紛層出不窮！保險有用嗎？國家賠償如何申請？

　　作者以輕鬆的筆調，導引讀者學習車禍處理的基本觀念，並穿插許多案例，讓讀者從案例中，瞭解車禍處理的最佳策略。也運用大量的圖、表、訴狀範例，逐一解決問題。

《愛情福利社》

25個兩性法律知識、
讓你成為愛情法律專家！

　　本書包含最新修正法令，教你如何由男女交往到訂婚、結婚，瞭解所有的相關法令。諸如離婚協議書完整版與如何爭取贍養費及子女監護、探視權等。

最輕鬆易讀的法律書籍

《圖解數位證據》

讓法律人能輕鬆學習
數位證據的攻防策略

　　數位證據與電腦鑑識領域一直未獲國內司法機關重視，主因在於法律人普遍不瞭解數位證據，導致實務上欠缺審理之能力。希望藉由本書能讓法律人迅速瞭解數位證據問題的癥結所在，以利法庭攻防。

《資訊法律達人》

上傳影音合法嗎？盜版軟體該不該用？
詐騙資訊怎分辨？木馬程式如何防範？

　　現代人的工作與生活，已經離不開電腦以及網路，你可知道由連上網路、瀏覽網頁、撰寫部落格、到下載及分享 MP3，可能觸犯了多少法律規範及危機？本書深入淺出地告訴你該如何預防及事後處理。

《圖解不動產買賣》

買房子一定要知道的 100 則基本常識！
法律達人說：這是一本讓你一看就懂的工具書

　　大多數的購屋者都是第一次，可是卻因為資訊的不透明，房地產業者拖延了許多重要法律的制定，導致購屋者成為待宰羔羊。作者希望本書能讓購屋者照著書中的提示，在購屋過程中瞭解自己在法律架構下應有的權利。

《圖解失敗學好好用》

失敗 ≠ 無用；失敗 ≠ 魯蛇！
學習解析失敗，開啟事業巔峰。

　　曾任日本福島核電廠事故調查委員會委員長的作者，集結多年學術研究與實務輔導經驗，教你從中發現失敗的規則性，以及其中所蘊藏的契機，學習善用失敗學，不論企業營運或個人發展，皆能掌握先機、逆轉勝！

《圖解理財幼幼班 慢賺的修練》

魔鬼不只在細節裡，更在你的大腦裡；
從心理學、腦科學的角度切入，
抽絲剝繭找出最佳投資標的。

　　作者運用多年教授理財課程之經驗，點出初學者的投資理財盲點，從法律層面、心理學、腦科學角度切入，教你培養自己投資的眼光，找出理財的陷阱，打造財富自由的人生。

《圖解記憶法 給大人的記憶術》

誰說年紀越大，記憶力就越差？
日本大學聯考之神特別傳授的大腦
回春術！

　　不用羨慕別人的記憶力好，只要掌握大腦各區的喜好與特性，就能輕鬆記憶。本書教你透過訓練，學習記憶的3步驟、10個提高記憶效率的基本原則，聰明活化大腦，破解記憶盲點，擺脫健忘毛病。

—— 最全方位實用書籍

《圖解魅力學 人際吸引法則》

好人緣不是天生，善用技巧，就能成為魅力高手！

從系統一（感性）與系統二（理性）觀點出發，瞭解大腦思考模式和行為心理學，不只可以運用在人際關係，市場行銷上更是隨處可見，運用這些行銷手法，就能建立自我品牌形象，成功推銷自己、打造好人緣！

《圖解小文具大科學 辦公室的高科技》

給追求知識與品味生活的文具迷，一本不可不知的文具科學圖解書。

文具產業可說是科學技術發展的博物館，集結了現代科學如數學、化學、光學等技術之精華，本書挑選常用的代表性文具，解析其發展歷程與科學秘密，透過本書上一堂令人驚嘆的文具科學課！

《圖解人體解密 預防醫學解剖書》

瞭解人體的奧妙，自己的身體自己保養。

醫學相關知識在一般人的印象中是難懂的，作者用淺顯易懂的例子搭配圖解，從功能性著手介紹人體組織架構，從最小的細胞到全身的器官、骨骼；從外在皮膚到內部器官運作，藉此掌握養生秘笈。

《圖解二十一世紀資本論 皮凱提觀點完全解說》

皮凱提經濟分析的濃縮精華書！

「二十一世紀資本論」究竟在談論什麼？為什麼能風靡全球？專為那些沒時間看或看不懂的讀者，統整 5 個章節、80 項主題，從讀者最常遇到的問題點切入，配合圖解、深入淺出地解說皮凱提的經濟觀點。

國家圖書館出版品預行編目資料

圖解車禍資訊站
第一次打車禍官司就OK！(第四版)
作　　者：錢世傑
臺北市：十力文化 2019.06
規　　格：320頁；14.8×21.0公分
ＩＳＢＮ：978-986-95919-7-3(平裝)
1.交通法規　2.交通事故
557.13　　　　　　　　　　108007546

法　律　館　　S1904

圖解車禍資訊站／第一次打車禍官司就OK!（第四版）

作　　者　錢世傑

責任編輯　吳玉雯
封面設計　王智立
書籍插圖　劉鑫鋒
美術編輯　林子雁

出 版 者　十力文化出版有限公司

發 行 人　劉叔宙
公司地址　11675 台北市文山區萬隆街45-2號
聯絡地址　11699 台北郵政93-357信箱
劃撥帳號　50073947
電　　話　（02）2935-2758
網　　址　www.omnibooks.com.tw
電子郵件　omnibooks.co@gmail.com

ISBN　　978-986-95919-7-3

出版日期　第四版第三刷　2020 年 10 月
　　　　　第四版第一刷　2019 年 6 月
　　　　　第一版第一刷　2008 年 8 月

定　價　420元

地址：

姓名：

正　貼
郵　票

十力文化出版有限公司　企劃部收

地址：台北郵政 93-357 號信箱

傳真：(02) 2935-2758

E-mail：omnibooks.co@gmail.com

　　無論你是誰,都感謝你購買本公司的書籍,如果你能再提供一點點資料和建議,我們不但可以做得更好,而且也不會忘記你的寶貴想法喲!

姓名/　　　　　　　　　性別/□女□男　　生日/　　　年　　　　月　　　　日
聯絡地址/　　　　　　　　　　　　　　　　連絡電話/
電子郵件/

職業/□學生　　　　□教師　　　　□內勤職員　　□家庭主婦　　□家庭主夫
　　　□在家上班族　□企業主管　　□負責人　　　□服務業　　　□製造業
　　　□醫療護理　　□軍警　　　　□資訊業　　　□業務銷售　　□以上皆是
　　　□以上皆非　　□請你猜猜看
　　　□其他:

你為何知道這本書以及它是如何到你手上的?
　　　請先填書名:
　　　□逛書店看到　□廣播有介紹　　□聽到別人說　　□書店海報推薦
　　　□出版社推銷　□網路書店有打折□專程去買的　　□朋友送的　　　□撿到的

你為什麼買這本書?
　　　□超便宜　　　□贈品很不錯　　□我是有為青年　□我熱愛知識　□內容好感人
　　　□作者我認識　□我家就是圖書館□以上皆是　　　□以上皆非
　　　其他好理由:

哪類書籍你買的機率最高?
　　　□哲學　　　　□心理學　　　　□語言學　　　　□分類學　　　□行為學
　　　□宗教　　　　□法律　　　　　□人際關係　　　□自我成長　　□靈修
　　　□型態學　　　□大眾文學　　　□小眾文學　　　□財務管理　　□求職
　　　□計量分析　　□資訊　　　　　□流行雜誌　　　□運動　　　　□原住民
　　　□散文　　　　□政府公報　　　□名人傳記　　　□奇聞逸事　　□把哥把妹
　　　□醫療保健　　□標本製作　　　□小動物飼養　　□和賺錢有關　□和花錢有關
　　　□自然生態　　□地理天文　　　□有圖有文　　　□真人真事
　　　請你自己寫:

十力文化